REZEPTE
FÜR DIE NEUE OPTIMIERTE
METABOLE DIÄT

NEUAUFLAGE 2012

REZEPTE
FÜR DIE NEUE OPTIMIERTE
METABOLE DIÄT

WISSENSCHAFTLICH ERPROBTE

LOW CARB ERNÄHRUNG

SCHNELL, EFFEKTIV UND DAUERHAFT
KÖRPERFETT VERBRENNEN!

CLAUDIA WERNIG

www.metabole-diet.com
MATRIXX PUBLISHING

Die Deutsche Bibliothek – CIP-Einheitsaufnahme

Claudia Wernig
Rezepte für die Metabole Diät
Low Carb Ernährung – schnell, effektiv und dauerhaft Körperfett verbrennen!

4. Auflage 2012
ISBN 978-3-9502301-7-8
www.metabole-diet.com

Designed by Mediendesign Kratz, Murnau

Printed in Germany
Leibfarth & Schwarz, Dettingen/Erms

FÜR DIE VIELEN BEGEISTERTEN ANWENDER
DER METABOLEN DIÄT,
DEREN POSITIVES FEEDBACK MICH MOTIVIERTE
EIN BUCH MIT NEUEN REZEPTEN
ZU VERÖFFENTLICHEN.

Inhalt

Vorwort

von Claudia Wernig

Seit dem Erscheinen des Buches »Die Metabole Diät« sind inzwischen fast 10 Jahre vergangen. In dieser Zeit ist es mir gelungen, meinen Körperfettanteil konstant zu halten und dauerhaft meine Idealfigur beizubehalten. Die Metabole Diät hat sich über Jahre hinweg als ideale, abwechslungsreiche und gesunde Ernährungsform bewährt, mit deren Hilfe es ohne große Entbehrungen möglich ist, in Topform zu kommen und auch zu bleiben.

Dies gilt nicht nur für mich, sondern auch für die vielen zufriedenen Anwender der Metabolen Diät. Das positive Feedback der Leser und die zahlreichen Anfragen nach mehr Rezepten haben mich motiviert, ein Nachfolgewerk zu schreiben.

Das vorliegende Buch »Rezepte für die neue optimierte Metabole Diät« soll Ihnen dabei helfen zu erkennen, wie abwechslungsreich die Low Carb Ernährung sein kann.

Ich möchte mit diesem Buch sowohl den nicht so vor eigenen Ideen sprießenden, zum Kochen »verpflichteten« Anwender als auch den experimentierfreudigen Hobbykoch sowie den Küchenprofi ansprechen. Hören Sie nicht auf bei Omelettes, Hühnerfleisch und Steaks, probieren Sie die verschiedenen Salate und Suppen, schmecken Sie den Unterschied unzähliger Kräuter und genießen Sie die leckeren Low-Carb Desserts und Muffins.

Die neuen Rezepte werden Sie nicht nur begeistern und Ihnen die Anwendung der Metabolen Diät erleichtern, sie sollen Sie auch dazu animieren, Ihre eigenen Kreationen der verschiedensten Gerichte zu entwerfen. Damit wird es auch Ihnen gelingen, sich mühelos kohlenhydratarm und eiweißreich zu ernähren und Ihre Wunschfigur zu erreichen. Falls es Ihnen schwer fällt, Ihren individuellen Ernährungsplan zu entwerfen, finden Sie auch diesmal wieder detaillierte Diätpläne mit 1000, 2000 und 3000 Kalorien pro Tag, die Ihnen dabei helfen die Metabole Diät einfach und erfolgreich in die Praxis umzusetzen

Warten Sie nicht länger – nutzen Sie die Metabole Diät und aktivieren Sie Ihren Stoffwechsel für optimalen Fettabbau. Bauen Sie überschüssiges Körpergewicht und unliebsame Fettpölsterchen einfach, schnell und vor allem dauerhaft ab.

Viel Erfolg!

Claudia Wernig

Die Metabole Diät

aus ernährungsphysiologischer Sicht

von Prof. Dr.
Martina Herget

Galt über viele Jahre die Meinung, dass Kohlenhydrate den Hauptanteil an der Kalorienversorgung beim Normalbürger und noch wichtiger beim Sportler ausmachen müssen, zeigt sich bereits seit einiger Zeit ein Umdenken: Ausgehend von der Universität Harvard (USA) erobert eine neue Ernährungsform, die so genannte LOGI Ernährung auch Europa. LOGI steht für »Low Glycemic Index« und bezeichnet eine Ernährungsform, die Kohlenhydratquellen aufgrund ihrer blutzuckersteigernden Wirkung, des glykämischen Index GI, einteilt. Kohlenhydratquellen, die einen steilen Anstieg des Blutzuckers hervorrufen, führen zu einer übermäßigen Insulinausschüttung wodurch der Blutzuckerspiegel rapide abfällt.

Heißhungerattacken, ausgelöst durch die extremen Blutzuckerschwankungen, sind die Folge, die mit erneuter Nahrungszufuhr beantwortet werden, ein Teufelskreis entwickelt sich. Dies soll eine der Ursachen für die Entstehung von Übergewicht sein. Im Gegensatz dazu erhöhen »gute« Kohlenhydratquellen den Blutzuckerspiegel langsam und mäßig, woraus eine ebenfalls gemäßigte Insulinausschüttung resultiert. Heißhungerattacken bleiben daher aus, stattdessen setzt das Gefühl der Sättigung ein.

Ernährungsformen, die aus diesen Fakten abgeleitet werden – wie etwa die »Metabole Diät« – achten sowohl auf die Qualität als auch auf die Menge der Kohlenhydrate die zugeführt werden. Man spricht von »LOW CARB«, also Diäten mit niedrigem Kohlenhydratanteil, wenn die Kohlenhydratmenge zwischen 50 und 150g pro Tag liegt. Viele positive Effekte sollen von einer solchen Ernährungsumstellung ausgehen. Kritiker monierten fehlende Langzeitstudien, doch kürzlich erschien in einer renommierten amerikanischen Fachzeitschrift (Am J Clin Nutr 2007; 86:276-84) eine Zusammenfassung der gegenwärtigen wissenschaftlichen Ergebnislage, die den Nutzen einer »Low Carb Ernährung« untermauern. Übergewicht und Diabetes Typ2 sind z.B. Stoffwechselstörungen, die durch Einschränkung der Kohlenhydrate vermieden oder in ihrem Fortschreiten gehemmt werden könnten.

Doch nicht nur bei Erkrankungen, sondern auch im Fitness- und Bodybuilding Bereich finden kohlenhydratreduzierte Diäten immer häufiger Anwendung. Ganz besonders für Athleten mit nur durchschnittlicher genetischer Veranlagung.

Um die positiven Auswirkungen einer gemäßigten Kohlenhydratzufuhr zu verstehen, muss man sich mit den Effekten des Insulins im Stoffwechsel vertraut machen. Insulin ist ein Hormon, also ein Botenstoff, der von der Bauchspeicheldrüse als Antwort auf einen Blutzuckeranstieg nach dem Verzehr einer Kohlenhydratquelle ins Blut abgegeben wird. Es ist das einzige Hormon des Körpers, das einen Abfall des Blutzuckerspiegels auslöst. Insulin bewirkt die Aufnahme von Nährstoffen aus dem Blut hinein in die Körperzellen. Für die Muskelzelle bedeutet das:

1. Aufnahme von Glucose (Blutzucker) und Einlagerung als Speicherform Glycogen

2. Aufnahme von Aminosäuren und Stimulierung der Proteinsynthese

Beide Effekte zusammen resultieren in Muskelwachstum, was gemeinhin als positive, wünschenswerte »anabole Wirkung« des Insulins gesehen wird. Doch »leider« wirkt Insulin auch an der Fettzelle anabol, was bedeutet, dass Glucose in die Fettzelle aufgenommen und zu Körperfett umgewandelt wird. Das Gleiche gilt auch für Nahrungsfette. Und um die negativen Effekte noch zu verstärken, bringt Insulin den Fettabbau und die Fettverbrennung komplett zum Erliegen. Die resultierende Zunahme von Körperfett aufgrund eines erhöhten Insulinspiegels soll nun mithilfe der Kohlenhydratauswahl und -reduktion abgewendet werden. Dieses Ernährungsregime hat sich ebenfalls im Fitness- und

Bodybuildingbereich durchgesetzt. Generell gilt: jeder Fitness-Sportler/Bodybuilder sollte so viel Kohlenhydrate wie möglich essen, das richtige Maß verrät der Spiegel oder die Kalipermessung. Übersteigt der Körperfettgehalt die subjektiv festgelegte Obergrenze, dann müssen die Kohlenhydrate reduziert werden.

Leider wird die Kohlenhydratmenge, die zum Erbringen einer sportlichen Leistung nötig ist, meist noch immer weit überschätzt. Allgemeine Zufuhrempfehlungen können nicht gegeben werden, man muss sich vorsichtig an die mögliche Höchstmenge herantasten.

Wenn man sich nun für eine kohlenhydratreduzierte Ernährungsform entschieden hat, bleibt die Frage, wie man denn die verbleibende Menge Kohlenhydrate über den Tag verteilen sollte. Hier ist die Antwort relativ einfach: die Mahlzeit in der auf jeden Fall Kohlenhydrate verzehrt werden müssen, ist die »Post-Workout« oder Nachtrainingsmahlzeit. Hier dürfen – ja müssen sogar – Kohlenhydrate mit hohem glykämischen Index eingesetzt werden, d.h., solche die in großer Menge sehr schnell im Blut auftauchen. Hier gilt es eine kurze, heftige Insulinausschüttung zu provozieren um den durch das Training angestiegenen Cortisolspiegel schnellstmöglich zu unterdrücken.

Cortisol ist ein Stresshormon, das zu Muskelabbau führt. Außerdem müssen die entleerten Glycogenspeicher aufgefüllt werden, damit anschließend die Reparaturprozesse im Muskel überhaupt erst in Gang gesetzt werden. In dieser Mahlzeit ist es nahezu unwahrscheinlich, dass Glucose in die Fettzellen gelangt, da in der Muskulatur nach dem Training ausreichend Speicherplatz für Glucose vorhanden ist – die Fettzellen gehen zu diesem Zeitpunkt leer aus.

Ein weiterer Zeitpunkt zu dem Kohlenhydrate »ungefährdet« gegessen werden dürfen, ist vor dem Training, also »Pre-Workout«. Die hier zugeführten Energieträger werden im darauffolgenden Training sofort verbrannt. Allerdings sollten hier Kohlenhydrate bevorzugt werden, die langsam im Blut auftauchen um gegen Ende des Trainings noch Energie zu liefern. Hier wäre übrigens auch der beste Zeitpunkt für »Schokolade & Co«, wenn man darauf nicht verzichten kann oder möchte.

Und nur zum Abschluss die letzte Mahlzeit die Kohlenhydrate zulässt: das Frühstück. Am frühen Morgen reagiert der Körper besonders empfindlich auf Insulin, d.h. es wird deutlich weniger Insulin für die gleiche Menge Glucose benötigt als z.B. nachmittags. Ein Frühstück zubereitet aus Kohlenhydraten mit niedrigem GI reduziert übrigens die Kalorienmenge die im folgenden Mittagessen zugeführt wird, was beim Abnehmen von Bedeutung ist.

Zwischenmahlzeiten dagegen sollten ohne Kohlenhydrate bestritten werden, um möglichst lange Phasen ohne Insulinwirkung, d.h. tief im Fettabbau zu gewährleisten. Diese Empfehlung gilt ganz besonders für die letzte Mahlzeit vor dem Schlafengehen. Hier sollten keinesfalls Kohlenhydrate zugeführt werden, da in Anwesenheit von Insulin keine Wachstumshormonausschüttung stattfindet. Wachstumshormon ist das einzige Hormon, das gleichzeitig Fettabbau und Muskelerhalt auslösen kann. Es schützt also über Nacht die Muskulatur vor Abbau und hilft bei der

Fettverbrennung. Diesen Effekt sollte man sich nicht durch eine kohlenhydratreiche »Gutenachtmahlzeit« vorenthalten. Einzige Ausnahme: wenn das Training so spät am Abend absolviert wird, dass nur noch eine einzige Mahlzeit zugeführt wird, dann muss man natürlich Kohlenhydrate aus zuvor genannten Gründen zuführen.

Im Rahmen einer kalorienreduzierten Diät fällt es mit einer »LOW CARB« Diät deutlich leichter durchzuhalten, da die fehlenden Blutzuckerschwankungen Hungerattacken verhindern und bei niedrigem Insulinspiegel ein besseres Sättigungsgefühl einsetzt.

Unabhängig von Diät oder Aufbauphase hat es sich bewährt bei der Ernährung zwischen Trainingstagen und trainingsfreien Tagen zu unterscheiden. Bei gleichbleibend hoher Eiweißzufuhr werden an Trainingstagen mehr Kohlenhydrate und weniger Fett, an trainingsfreien Tagen dagegen mehr Fett und weniger Kohlenhydrate verzehrt (u.a. Grundprinzip der »Metabolen Diät«).

Eine besondere Bedeutung im Rahmen einer Körperfettreduktion kommt zudem noch der Eiweißversorgung zu. Eiweiß sättigt nicht nur besonders gut, sondern mit der Nahrung zugeführte Eiweißbausteine (Aminosäuren) schützen das körpereigene Eiweiß der Muskulatur vor dem Abbau. Ein Abbau von Muskeleiweiß führt zwar kurzfristig zu einem scheinbaren Diäterfolg, da das Körpergewicht sinkt, doch langfristig macht Muskelverlust jeden Diäterfolg zunichte. Der Anteil der Muskelmasse bestimmt maßgeblich den Grundumsatz, d.h. je höher der Muskelanteil ist, desto höher ist der Energiebedarf des Körpers oder anders ausgedrückt desto mehr Kalorien kann der Mensch zuführen ohne zuzunehmen. Im Rahmen einer kalorienreduzierten Diät ist die Muskelmasse besonders für Abbau gefährdet. Nur die Kombination aus erhöhter Eiweißzufuhr und sinnvollem Krafttraining kann dem entgegenwirken. Wird beides vernachlässigt muss die Kalorienzufuhr von Woche zu Woche gedrosselt werden um noch einen Gewichtsverlust herbeizuführen.

Frauen profitieren besonders von einer eiweißreichen, kohlenhydratreduzierten Diät, da das Zusammenspiel von Östrogen, dem weiblichen Geschlechtshormon und Insulin, die Antwort auf hohe Kohlenhydratmengen den Fettaufbau besonders begünstigen. Dem Hautbild der »Cellulite« und den so genannten »Problemzonen« kann überhaupt nur mit einer stark kohlenhydratreduzierten Diät und Sport zuleibe gerückt werden, jede andere Diätform versagt hier. Vor Muskelaufbau á la Schwarzenegger brauchen Frauen dagegen auch bei Erhöhung der Eiweißzufuhr und schwerem Krafttraining keine Angst zu haben.

Wer also mit seiner momentanen Form unzufrieden ist, wer plant eine Diät mit möglichst viel Muskelerhalt durchzuführen oder eine Aufbauphase ohne starken Körperfettzuwachs und diese Ziele mit seiner gewohnten kohlenhydratreichen Ernährung nicht erreicht hat, dem empfehle ich einen Versuch mit den richtigen Kohlenhydraten, in der richtigen Menge und zur richtigen Zeit.

Prof. Dr. Martina Herget
Ausbildungsreferentin der BSA-Akademie
www.bsa-akademie.de

Low Carb wirkt!
Diäterfolge

mit kohlenhydratarmer Ernährung

Kapitel 1

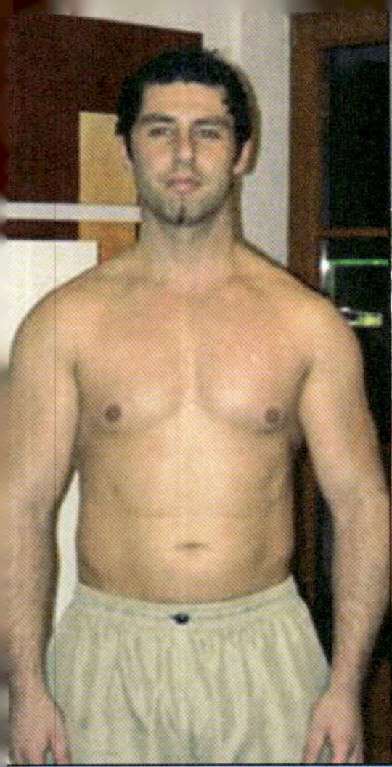

TOMMY

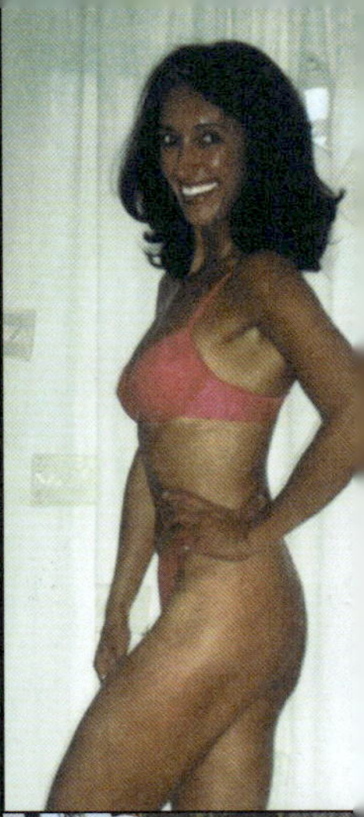

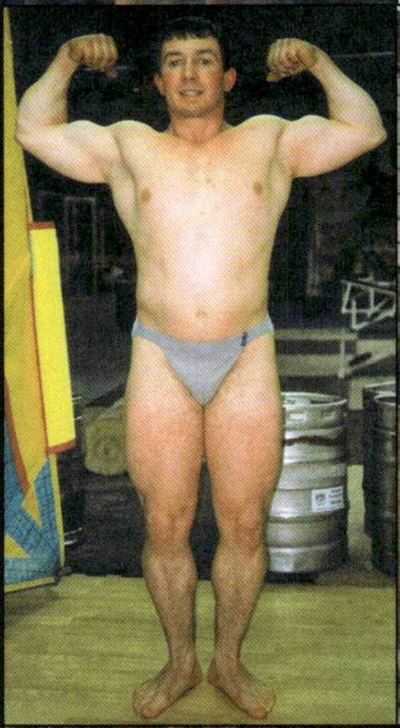

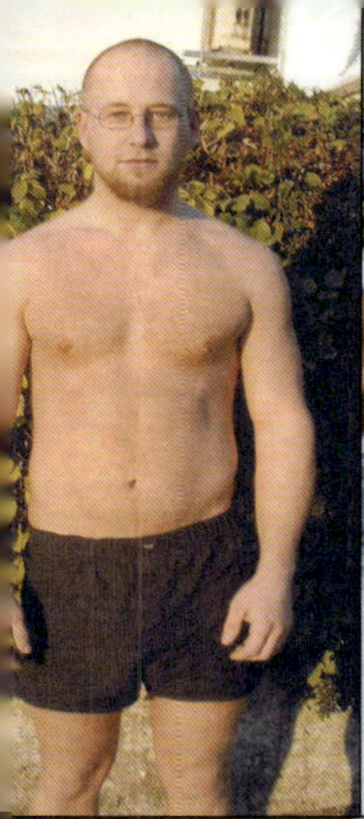

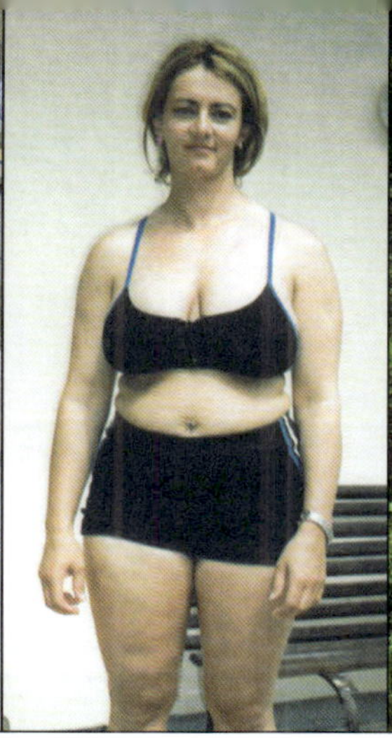

LOW CARB WIRKT!

DIÄTERFOLGE MIT KOHLENHYDRATARMER ERNÄHRUNG

Ceasar's Salad mit Äpfeln und Pilzen

1-2 Portionen
Zubereitungszeit: 30 Minuten
Schwierigkeitsgrad: einfach

Zutaten

250g Hühnerbrustfilet
1 EL Olivenöl
50g Eisbergsalat
50g Römischer Salat (Romana)
50g Champignons
20g Parmesan, frisch gerieben
1/2 kleiner Apfel = 50g

Für das Dressing
1 Knoblauchzehe
50g Joghurt 1,5% Fett
1/2 Beet Kresse
1 TL Senf
Pfeffer
Salz

Zubereitung

1 *Das Hühnerfleisch in Streifen schneiden, das Olivenöl in einer Pfanne erhitzen und das Fleisch darin braten.*

2 *Den Apfel entkernen, vierteln und in Spalten schneiden. Die Champignons säubern und in feine Scheiben schneiden.*

3 *Den Romana- und den Eisbergsalat waschen und in mundgerechte Stücke zupfen. Auf einem Teller zusammen mit den Champignonscheiben und den Apfelstücken anrichten.*

4 *Den Knoblauch zerpressen, mit Joghurt, Senf, Salz und Pfeffer gut verrühren und über den Salat gießen.*

5 *Zum Schluss das gebratene Hühnerfleisch darauf verteilen und mit Kresse und Parmesan bestreuen.*

Nährwerte

ENERGIE	KOHLENHYDRATE	EIWEISS	FETT	MUF	BS	KOHLENHYDRATANTEIL
447 KCAL	8,8G	71,4G	14G	1,3G	2G	7,9%

ANDREAS CAILLET

SALZBURG/AT ◆ GROSSHANDELSKAUFMANN
FITNESS-SPORTLER

„Ich habe schon alle möglichen Diäten ausprobiert um in Form zu kommen. Ein richtiges Sixpack habe ich erst mit der kohlenhydratarmen Metabolen Diät geschafft. Für mich gibt es keine bessere Diätform!"

Erdbeer-Joghurt Muffins

1-2 Portionen
Zubereitungszeit: 8 Minuten
Schwierigkeitsgrad: mittel

Zutaten

- 50g Erdbeeren
- 3 Eiklar
- 1 ganzes Ei
- 100g Joghurt, 0,5% Fett
- 2 EL = 20g Wheyprotein-Isolat 90%, Vanillegeschmack
- 2 EL = 20g Proteinpulver 85%, Erdbeergeschmack
- 1 TL Süßstoff, flüssig

Zubereitung

1 *Die Erdbeeren in kleine Stücke schneiden.*

2 *Die 3 Eiklar in einem Mixbehälter mit einem Handmixer zu steifem Eischnee schlagen und anschließend zur Seite stellen.*

3 *Das Joghurt, das Ei und den Süßstoff in einem Rührgefäß cremig mixen und danach das Wheyprotein und das Proteinpulver dazu rühren.*

4 *Mit einem großen Löffel die Erdbeeren und den Eischnee vorsichtig unterheben. Die Masse in Muffinförmchen füllen.*

5 *Bei 180°C etwa 15 Minuten backen und die Muffins nach dem Auskühlen aus den Förmchen stürzen.*

Nährwerte

Energie	Kohlenhydrate	Eiweiss	Fett	MUF	BS	Kohlenhydratanteil
328 kcal	8,1g	56,8g	7,6g	1,7g	0,8g	9,9%

Sigrid Türk

Eugendorf/AT ◆ Zahnarzt-Assistentin
Freizeitsportlerin

„Mit der Metabolen Diät habe ich es endlich geschafft wieder meine Wunschfigur zu erreichen. Und das ohne große Entbehrungen beim Essen. Die kohlenhydratarmen Rezepte haben mir sehr dabei geholfen die Metabole Diät zu praktizieren. Schnell und einfach zu kochen und auch noch sehr schmackhaft."

Eier-Muffins

2-6 Portionen
Zubereitungszeit: 5 Minuten (+ 15-20 Minuten Backzeit)
Schwierigkeitsgrad: einfach

Zutaten

6 ganze Eier
6 kleine Scheiben Wellness-Schinken = 100g
1 Tomate = 100g
20g Mozzarella Light, 10% Fett i.Tr.
Basilikum, frisch gehackt

Zubereitung

1 *Die Muffinformen vor Gebrauch mit kaltem Wasser ausspülen damit nichts festklebt.*

2 *Jede Muffinform mit einer Scheibe Schinken auslegen, je ein Ei aufschlagen und in die Muffinform setzen.*

3 *Die Tomate und den Mozzarella in kleine Würfel schneiden und diese auf alle 6 Förmchen gleichmäßig verteilen. Anschließend mit gehacktem Basilikum bestreuen und je nach Geschmack salzen.*

4 *Die Muffinformen in den Backofen schieben und bei 170°C etwa 15-20 Minuten (bis die Eier gestockt, und der Käse gebräunt ist) backen.*

5 *Nach Ende der Backzeit zirka 5 Minuten stehen lassen und anschließend aus der Form stürzen. Die Eier-Muffins können warm, kalt, als Vorspeise oder auch als Hauptgericht genossen werden.*

Tipp: *Sie können verschiedene Variationen von Eier-Muffins kreieren. Zum Beispiel Oliven mit Feta-Käse und Oregano, oder Mais mit Zwiebeln und Schnittlauch.*

Nährwerte

Energie	Kohlenhydrate	Eiweiss	Fett	MUF	BS	Kohlenhydratanteil
692 kcal	6g	68,4g	43,8g	6,1g	1g	3,5%

Georg Mairinger

Salzburg/AT ◆ Fitnesstrainer

Body/Fitness Athlet

„Ich habe schon die verschiedensten Diäten ausprobiert: High Carb, High Fat (Anabole Diät) – alle mit mehr oder weniger Erfolg. Das Problem ist, dass man diese Diäten nicht dauerhaft anwenden kann. Mit der Low-Carb Diät habe ich erstmals meine persönliche Bestform erreicht. Und das beste daran ist, dass ich mit dieser Ernährung meine Form sogar einigermaßen gut halten kann."

Schokokuchen

8-10 Portionen
Zubereitungszeit: 15 Minuten (ohne Backzeit)

Zutaten

3 Eidotter
20 Eiklar
120g Wheyprotein 80%, Schokogeschmack
60g Proteinpulver 85%, Schokogeschmack
70g Sojamehl
30g Kakaopulver
120ml H-Milch, 1,5% Fett
80g Erdnussmus
1 TL Zimt
1 Pkg. Backpulver
3 EL Süßstoff, flüssig

Zubereitung

1 *Das Backrohr auf 180°C vorheizen.*

2 *Sieben Eiklar in eine kleine Schüssel geben und mit einem Handmixer zu Schnee schlagen.*

3 *Die restlichen 13 Eiklar zusammen mit den Eidottern, der Milch, dem Erdnussmus, Zimt und Süßstoff in eine große Rührschüssel geben und mit einem Handmixer schaumig rühren.*

4 *Nach und nach das Wheyprotein, Proteinpulver, Sojamehl und das Backpulver dazu rühren. Wenn die Masse zu fest wird kann sie mit etwas zusätzlichem Wasser verdünnt werden.*

5 *Den Eischnee vorsichtig mit einem großen Löffel unter die Masse heben.*

6 *Die fertige Teigmasse in eine Gugelhupfform gießen und im vorgeheizten Backrohr bei 180°C etwa 50 Minuten backen.*

Tipp: *Die Milch kann auch durch eine Tasse starken Kaffee ersetzt werden.*

Nährwerte

Energie	Kohlenhydrate	Eiweiss	Fett	MUF	BS	Kohlenhydratanteil
2246 kcal	38g	284g	106,4g	15,7g	21,6g	6,8%

Susanne Niederhauser

Wels/AT ◆ IFBB Profi-Bodybuilderin

1. Platz South-West Pro Cup

„Um meinen Stoffwechsel so richtig in Schwung zu bringen sorge ich für Abwechslung in der Ernährung. Meistens reduziere ich 6 Tage in der Woche die Kohlenhydrate. An diesen Tagen esse ich viel Eiweiß, bis zu 240g pro Tag. Am 7. Tag erhöhe ich die Kohlenhydratzufuhr und reduziere den Eiweißanteil."

Grits

1 Portion
Zubereitungszeit: 5 Minuten

Zutaten

- 60g Maisgrieß
- 100ml Milch, 1,5% Fett
- 100ml Wasser
- 3 EL = 30g Wheyprotein-Isolat 90% geschmacksneutral
- 50ml Wasser
- Zimt
- 1 EL Süßstoff, flüssig

Zubereitung

1 *Den Maisgrieß mit der Milch, 100ml Wasser und dem Süßstoff in eine mikrowellengeeignete Schüssel geben und mit einem Schneebesen verquirlen.*

2 *In die Mikrowelle stellen, auf volle Leistung schalten und zwei Minuten erhitzen.*

3 *Die Schüssel herausnehmen, noch einmal gut durchrühren, wieder in die Mikrowelle stellen und weitere zwei Minuten erhitzten.*

4 *Inzwischen in einer Tasse das Proteinpulver mit 50ml Wasser verrühren.*

5 *Den fertigen, heißen Grieß aus der Mikrowelle nehmen, die Proteinmischung dazu gießen und mit einem Schneebesen gut verrühren.*

6 *Nach Geschmack mit Zimt würzen.*

Tipp: *Grits – das ideale, schnell zubereitete Frühstück. Kann auch kalt gegessen werden.*

Nährwerte

Energie	Kohlenhydrate	Eiweiss	Fett	MUF	BS	Kohlenhydratanteil
366 kcal	49g	36,8g	2,5g	0,1g	0g	6,2%

DR. JUDD BIASIOTTO (62 JAHRE!)

ALBANY/USA ◆ HOCHSCHULLEHRER

MASTERS WELTMEISTER IM BODYBUILDING

„Seit über 25 Jahren achte ich auf eine kontrollierte Kohlenhydratzufuhr. Wichtig ist, Kohlenhydrate zur richtigen Zeit zu essen und vor allem nicht zu viel. Für mich gibt es keine bessere Ernährungsform um fit und gesund zu bleiben!"

Cinnamon-Oatmeal Shake

1 Portion
Zubereitungszeit: 3 Minuten
Schwierigkeitsgrad: einfach

Zutaten

100ml Milch, 1,5% Fett

3 EL = 30g Proteinpulver 85%, Cinnamon-Oatmeal Geschmack

2 TL Instant-Kaffeepulver

400ml Wasser, heiß

Magerkakaopulver, zum Garnieren

Zubereitung

1 *Die Milch, das Instant-Kaffeepulver und das Proteinpulver in einem Standmixer etwa 1-2 Minuten mixen.*

2 *Das kochende Wasser dazu gießen und noch einmal kurz durchmixen.*

3 *Den Shake in ein großes Glas gießen, mit Magerkakaopulver bestreuen und genießen.*

Nährwerte

ENERGIE	KOHLENHYDRATE	EIWEISS	FETT	MUF	BS	KOHLENHYDRATANTEIL
158 KCAL	6,4G	28,6G	2G	0G	0G	16,2%

GUNDA FIONA VON BACHHAUS

FRANKFURT/DE ◆ SPORTWISSENSCHAFTLERIN

WELT- UND EUROPAMEISTERIN KRAFTDREIKAMPF/BANKDRÜCKEN

„Auf eine kohlenhydratarme Ernährung (»Low Carb«) umzusteigen, war für mich eine der besten Entscheidungen, die ich je getroffen habe. Als Kraftdreikämpferin ist es von Vorteil, möglichst stark in einer möglichst niedrigen Gewichtsklasse zu starten. Da ich sehr gerne esse, hatte ich jedoch schon immer Probleme ein geringes und fettarmes Körpergewicht zu halten. Obwohl ich mit der »Low Carb Ernährung« auf einfache Kohlenhydrate verzichte und auch komplexe Kohlenhydrate so gut wie meide, habe ich so gut wie kein Verlustempfinden auf meinem Speiseplan entdeckt. Ganz im Gegenteil: Ich habe viele Vorteile daraus ziehen können.

Nicht nur, dass ich mich wohler fühle und durchtrainierter aussehe, es ist auch eine wunderbare Bereicherung sich gesund und ausgewogen zu ernähren. Und dass ich mit einer »Low Carb Ernährung« sogar meine Leistungen verbessern konnte, verdoppelt meine Freude."

Pikanter Auflauf »Mexiko«

1-2 Portionen
Zubereitungszeit: 10 Minuten (+ 30 Minuten Garzeit)
Schwierigkeitsgrad: einfach

Zutaten

300g Rindergehacktes, mager
1/2 Zwiebel = 50g
1/2 rote Paprikaschote = 50g
20g Mais, aus der Dose
1 Chilischote
Kräutersalz
Cayennepfeffer
10g Parmesan, gerieben

Zubereitung

1 *Die Zwiebel fein hacken, die Paprika und die Chilischote in feine Streifen schneiden.*

2 *Das Hackfleisch mit dem Gemüse in einer Schüssel gut vermengen, mit Kräutersalz und Cayennepfeffer würzen.*

3 *In eine kleine Auflaufform füllen mit dem geriebenen Parmesan bestreuen und im Backofen bei 180°C etwa 30 Minuten garen.*

Nährwerte

Energie	Kohlenhydrate	Eiweiss	Fett	MUF	BS	Kohlenhydratanteil
385 kcal	7,1g	69,3g	8,8g	0,5g	3,5g	7,4%

EDI WOLF

WEILHEIM/DE ◆ GESCHÄFTSFÜHRER
BODY/FITNESS ATHLET

„In meiner Vorbereitung auf Meisterschaften habe ich mich immer mit einer kohlenhydratreichen und fettarmen Diät vorbereitet um eine optimale Form zu erreichen. Ich musste aber feststellen, dass ich immer mit dem Insulinspiegel zu kämpfen hatte. Ständig hatte ich Heisshungerattacken und den Drang etwas essen zu müssen. Ich entschloß mich dann, die LOW-CARB Diät zu probieren und stellte schon nach kurzer Zeit fest, dass das die ideale Ernährungsform für mich ist. Mein ständiges Hungergefühl stellte sich ein und die Heißhungerattacken kenne ich seitdem nicht mehr."

Geflügelsalat mit Joghurt-Gurkendressing & Früchten

1-2 Portionen
Zubereitungszeit: 30 Minuten
Schwierigkeitsgrad: mittel

Zutaten

300g Hühnerbrustfilet
1 Kopfsalat
1/4 rote Paprikaschote = 25g
50g Staudensellerie
1 Mandarine = 50g
1/2 Birne = 50g
50g grüne Melone
frische Minze-Blätter

Für das Dressing
30g Joghurt, 0,5% Fett
100g Salatgurke, fein geraspelt
1 EL süßer Senf
1 EL gemischte Salatkräuter
Salz
Pfeffer

Zubereitung

1 *Am Vortag das Hühnerbrustfilet in leicht kochendem Wasser zugedeckt etwa 30 Minuten garen, abkühlen lassen und nach belieben in Streifen oder Würfel schneiden. Anschließend verschlossen im Kühlschrank aufbewahren.*

2 *Den Kopfsalat waschen und in mundgerechte Stücke zupfen, die Paprikaschote in feine Streifen schneiden und den Sellerie fein hacken. Das Obst in feine Scheiben oder Stücke schneiden.*

3 *Alle Zutaten zusammen mit dem Hühnerfleisch in eine große Salatschüssel geben und mit Salatbesteck vorsichtig durchmischen.*

4 *Die Zutaten für das Dressing in einen Shaker (Schüttelbecher) füllen und gut schütteln. Direkt vor dem Servieren unter den Salat mischen und mit frischen Minzeblättern garnieren.*

Nährwerte

Energie	Kohlenhydrate	Eiweiss	Fett	MUF	BS	Kohlenhydratanteil
414 kcal	18,9g	76,1g	3,8g	0,9g	6,7g	18,3%

Ingrid und Christian Neuhofer

Eugendorf/AT ◆ Fitness-Studio Besitzer

Österreichische Meister im Paarposing

„Für uns bietet die »Low Carb« Ernährung 3 wesentliche Vorteile:

- weniger Müdigkeit als bei kohlenhydratreicher Ernährung

- keine Verdauungsprobleme

- eine schlankere Taille – bisher immer ein Problem (Christian)."

Spinatsalat mit Lachsfilet

1-2 Portionen
Zubereitungszeit: 20 Minuten
Schwierigkeitsgrad: einfach

Zutaten

200g Lachsfilet
1 EL Olivenöl
150g Blattspinat
5 Radieschen = 50g
Kräutersalz
1/4 gelbe Paprikaschote = 25g
Pfeffer aus der Mühle

Für das Dressing
2 Schalotten = 25g
1 Knoblauchzehe
5g frische Ingwerwurzel
Saft von 1/2 Zitrone
1 EL Kerbel, frisch gehackt
1/2 TL Süßstoff, flüssig

Zubereitung

1 *Den gewaschenen Spinat in mundgerechte Stücke zupfen und auf einem Teller anrichten.*

2 *Die Radieschen in Scheiben schneiden, die gelbe Paprikaschote in sehr kleine Würfel schneiden und auf dem Spinat verteilen.*

3 *Die Schalotten (Edelzwiebeln), Knoblauchzehe und die Ingwerwurzel fein zerhacken und mit den übrigen Dressingzutaten in einem Shaker (Schüttelbecher) schütteln und den Salat damit beträufeln.*

4 *Das Öl in einer Pfanne erhitzen und das Lachsfilet mit Kräutersalz würzen. Bei mittlerer Hitze anbraten. Nach 3 Minuten wenden, zugedeckt bei reduzierter Hitze etwa 5 Minuten weiter braten.*

5 *Das Lachsfilet am besten noch in der Bratpfanne mit einer Gabel zerteilen, auf dem Salat anrichten und mit Pfeffer aus der Mühle bestreuen.*

Tipp: *Frischer Spinat enthält oft viel Sand. Deshalb sollten Sie Spinat vor der Verwendung richtig gut abwaschen.*

Nährwerte

Energie	Kohlenhydrate	Eiweiss	Fett	MUF	BS	Kohlenhydratanteil
506 kcal	5,1g	45g	33,9g	6,3g	9,1g	4%

MARTIN DUDAS

TEISENDORF/DE ◆ SICHERHEITSDIENST

AMATEUR-BODYBUILDER

„Meine erste konsequente Wettkampfvorbereitung hat insgesamt 6 Monate gedauert. In der Zeit habe ich mein Körpergewicht mit Hilfe einer kohlenhydratarmen Ernährung (Low-Carb Diät) von 122 kg auf 96 kg reduziert. Aus Erfahrung kann ich sagen, dass die Low-Carb Diät hervorragend zum Körperfettabbau geeignet ist."

Hühnchenspieße mit Zitronenjoghurt und Koriander

1 Portion
Zubereitungszeit: 40 Minuten
Schwierigkeitsgrad: mittel

Zutaten

200g Hühnerbrustfilet
1 TL Zitronensaft
1 TL Gewürzkoriander, gemahlen
200g Joghurt, 1,5% Fett
2 EL frischer Koriander, gehackt
1 ganze Zitrone
Pfeffer
einige Blätter Blattsalat

Zubereitung

1 *Das Hühnerbrustfilet in 2,5cm große Würfel schneiden und in eine Schüssel füllen.*

2 *Den TL Zitronensaft, den gemahlenen Koriander, Pfeffer und 4 EL Joghurt vermengen, das Fleisch damit marinieren und mindestens 2 Stunden zugedeckt kalt stellen.*

3 *Für das Zitronenjoghurt die Zitrone schälen und fein zerhacken (die Kerne entfernen). Mit dem Joghurt und dem gehackten Koriander verrühren und anschließend kalt stellen.*

4 *Die Fleischwürfel auf 2-3 kleine Holzspieße stecken und im Backofen (auf dem Gitterrost) bei Grillstufe etwa 15 Minuten grillen.*

5 *Die Salatblätter auf einem Teller anrichten, die gegrillten Hühnchenspieße darauf legen und zusammen mit dem Zitronenjoghurt servieren.*

Tipp: *Wenn Ihr Backofen keine Grillfunktion hat, dann können Sie die Spieße auch in einer Pfanne knusprig braten.*

Nährwerte

Energie	Kohlenhydrate	Eiweiss	Fett	MUF	BS	Kohlenhydratanteil
320 kcal	11,6g	55,7g	5,6g	0,4g	4,3g	14,5%

Barbora Benešová

Prag/CZ ◆ Geschäftsführerin

IFBB Weltmeisterin Bodyfitness

„In der Vorbereitung auf meine Wettkämpfe habe ich mich schon immer kohlenhydratarm ernährt. Obwohl ich in der Diät deutlich weniger esse, habe ich mit LOW-CARB immer noch ausreichend Energie für mein tägliches Training."

Griechisches Bauernfrühstück

1-2 Portionen
Zubereitungszeit: 20 Minuten
Schwierigkeitsgrad: einfach

Zutaten

1 ganzes Ei
4 Eiklar
200g Lauch
1/2 rote Paprikaschote = 50g
50g Schafskäse, 40% Fett i.Tr.
100ml Milch, 1,5% Fett
1 EL Olivenöl
4 schwarze Oliven, entkernt
Paprikapulver
Salz
Pfeffer

Zubereitung

1 *Den Lauch waschen und in 3cm große Stücke schneiden. Die Paprikaschote entkernen und ebenfalls mundgerecht stückeln.*

2 *Das Öl in einer Pfanne erhitzen, Paprika und Lauch dazu geben und 4 Minuten auf kleiner Stufe anrösten.*

3 *Das Ei, Eiklar und die Milch in einen Shaker (Schüttelbecher) geben, mit Salz und Pfeffer kräftig würzen und gut schütteln.*

4 *Den Schafskäse und die Oliven klein würfelig schneiden und zum Gemüse in die Pfanne geben. Die Eiermilch darüber gießen und alles zugedeckt bei schwacher Hitze etwa 10 Minuten stocken lassen.*

5 *Kurz vor dem Servieren mit einem Pfannenwender zerkleinern.*

Nährwerte

Energie	Kohlenhydrate	Eiweiss	Fett	MUF	BS	Kohlenhydratanteil
477 kcal	14g	40,1g	28,9g	3,2g	16,4g	11,8%

Matthias Melcher

Traunreut/DE ◆ Servicearbeiter

Deutscher Meister im Kreuzheben

„Ich nutze die Metabole Diät sowohl zum Abnehmen als auch zum Muskelaufbau. Für die Deutsche Meisterschaft im Kreuzheben habe ich mein Körpergewicht von 93 kg auf 82 kg reduziert und mit 287,5 kg den Titel geholt. Anschließend habe ich mein Körpergewicht mit kohlenhydratarmer Ernährung innerhalb von 3 Monaten auf 97 kg gesteigert. Trotz eingeschränkter Kohlenhydratzufuhr bin ich stärker als je zuvor und schaffe derzeit im Training 3 Wiederholungen im Kreuzheben mit 300 kg (auf einem 10 cm Block stehend). Für meinen nächsten Wettkampf muss ich mein Körpergewicht unter 90 kg bringen – mit der Metabolen Diät kein Problem!“

Salat-Snack »On the Road«

1 Portion
Zubereitungszeit: ---
Schwierigkeitsgrad: ---

Zubereitung

1 *Steuern Sie das nächstgelegene Mc Donald's Schnellrestaurant an*

2 *Bestellen Sie einen »Grilled Chicken Caesar Salad« (ohne Croutons) mit Balsamico Dressing.*

Nährwerte

Energie	Kohlenhydrate	Eiweiss	Fett	MUF	BS	Kohlenhydratanteil
263 kcal	9g	33g	10g	0g	0g	13,7%

MANFRED GRAF

MONDSEE/AT ◆ KFZ-MECHANIKER

BODY/FITNESS ATHLET

„Für mich ist die Metabole Diät keine kurzweilige Diät, sondern eine dauerhafte Ernährungsform. Meine ersten Erfahrungen mit der Low-Carb Ernährung habe ich vor 4 Jahren gemacht. Seitdem bin ich dabei geblieben – mit Erfolg.“

Die Grundlagen der Metabolen Diät

Kapitel 2

Diäten im Vergleich

Die Anzahl der verheißungsvoll angepriesenen Diäten und Strategien zur Gewichtsabnahme nimmt unaufhörlich zu. Sämtliche Illustrierten, Frauenzeitschriften und Fitness-Magazine präsentieren in regelmäßigen Abständen ihre »Blitzdiäten«, die von Diätwilligen praktiziert werden – in der Hoffnung, einen dauerhaften Gewichtsverlust zu erzielen. Doch in den seltensten Fällen gelingt dies. Selbst wenn das Ziel der »Strandfigur« bis zum Sommer erreicht wird, die Gewichtszunahme nach Wiederaufnahme der alten Essgewohnheiten ist die unweigerliche Konsequenz der vorherigen raschen Gewichtsreduktion. Der berühmt berüchtigte »Jo-Jo-Effekt« macht fast allen Abnehmwilligen immer wieder einen Strich durch die Rechnung.

Nach mehreren erfolglosen und frustrierenden Versuchen das ungeliebte überschüssige Körpergewicht in kurzer Zeit zu verlieren, sehen viele »Diätgeschädigte« ein, dass eine dauerhafte Ernährungsumstellung notwendig ist, um bleibende Erfolge zu erzielen. Als angeblich optimale Diätstrategie für eine langfristige Ernährungsumstellung hat sich sowohl in den breiten Schichten der Normalbevölkerung, als auch unter vielen Fitness-Sportlern und Bodybuildern eine fettarme Ernährungsform durchgesetzt – die so genannte »Low Fat Diät«.

Low Fat Diät

»Fett macht fett«, so lässt sich die Philosophie der Low Fat Diät in kurzen prägnanten Worten umschreiben. Hintergrund dieses Ansatzes ist, dass mit der Nahrung aufgenommenes

Fett zunächst im Körper als Fett gespeichert wird. Außerdem wird argumentiert, dass Fett pro Gramm mehr als doppelt so viele Kilokalorien (kcal) aufweist wie Kohlenhydrate und Eiweiß. Darüber hinaus sei Fett als Energielieferant unökonomischer als Kohlenhydrate, da Fett bei der Verbrennung im Körper mehr Sauerstoff benötigt. Aus diesen und anderen Gründen müsse, so die Meinung vieler Ernährungsexperten, die Fettzufuhr auf ein Minimum beschränkt werden.

Kohlenhydrate werden hingegen als idealer Energiespender angesehen. Sie sättigen gut, geben Energie und tragen nicht zur Fettspeicherung bei, so die Theorie der Low Fat Befürworter. Kohlenhydrate dienen dem Körper als »Superbenzin« für hohe Leistungsfähigkeit, da sie bei ihrer Verbrennung weniger Sauerstoff benötigen. Der Sättigungseffekt sei aufgrund der geringeren Energiedichte (Kalorien pro Gramm) besser als bei Fett. Und außerdem Ein Überschuss an Kohlenhydraten wird zunächst einmal im Körper als Glykogen (= Speicherform der Kohlenhydrate in der Leber und der Skelettmuskulatur) gespeichert. Erst wenn die Glykogenspeicher maximal gefüllt sind, werden Kohlenhydrate in Fett umgewandelt und dafür müsse man, so die Experten, Unmengen dieses Energielieferanten verzehren. Mehr als die meisten (angeblich) schaffen...

Die langjährigen Erfahrungen mit der Low Fat Diät haben gezeigt, dass Bodybuilder damit ihre Wettkampfform (oder zumindest annähernd) erreichen können und das der Normalbürger typischerweise 5-10kg Körpergewicht im Verlauf von mehreren Monaten verlieren kann, wenn er seine Ernährung auf weniger Fett und mehr Kohlenhydrate umstellt. Vorausgesetzt jedoch die Kalorienzufuhr liegt unter dem Kalorienverbrauch, wie dies bei jeder Diät mit dem Ziel »Gewichtsabnahme« der Fall sein sollte.

Nichtsdestotrotz gibt es aber ebenso viele, oder wenn nicht sogar noch mehr Personen, die mit einer fettarmen und kohlenhydratreichen Ernährung 2-5kg an Körpergewicht verlieren und mit den Ergebnissen alles andere als zufrieden sind. Das berüchtigte »Plateau« bei der Gewichtsreduktion stellt sich bei ihnen sehr früh ein, »es geht einfach nichts mehr«, trotz massiver Kalorienreduktion. Der Stoffwechsel passt sich an, fährt auf Sparflamme und selbst mit einer »Hungerkost« stellt sich kein weiterer Gewichtsverlust ein. Eine Situation, die bei der Low Fat Diät erfahrungsgemäß relativ häufig und schnell eintritt.

Erschwerend hinzu kommt die Tatsache, dass die Nahrungsmittelauswahl bei der Low Fat Diät alles andere als umfangreich ist. Fetthaltige Nahrungsmittel stehen schließlich nicht auf dem Speiseplan. Die oft sehr einseitige Ernährung ist ein wichtiger Grund dafür, warum viele Anwender diese Ernährungsform nicht dauerhaft durchhalten können oder wollen.

Außerdem, so die jahrelangen Erfahrungswerte, zeigt sich der Fettabbau bei der Low Fat Diät eher in den Bereichen, die sowieso bereits wenig Körperfett aufweisen. Hartnäckige Fettdepots, wie z.B. bei Männern in der Bauchregion, bei Frauen im Bereich der Hüften und Oberschenkel zeigen oftmals sogar nach monatelanger Low Fat Diät nur wenig Veränderung. Bodybuilder berichten zudem von einem überproportional hohen Verlust an

Muskelsubstanz im Verlauf einer mehrwöchigen Low Fat Diät. Was nützt es, wenn der Athlet zwar hart und definiert auf der Wettkampfbühne steht, aber zu wenig Muskelmasse aufweisen kann?

Aus den Erfahrungen, dass es bei der Low Fat Diät häufig sehr früh zum Stillstand der Diätbemühungen kommt, sie aufgrund der oft einseitigen Ernährung langfristig für die meisten Anwender nicht praktizierbar ist, hartnäckige Körperfettdepots sich kaum bekämpfen lassen und obendrein zuviel Muskelsubstanz geopfert wird, resultierte schließlich eine weitere grundsätzliche Ernährungsform, die »Ketogene Diät«.

Ketogene Diät/Anabole Diät

Während die Low Fat Diät jahrzehntelang als das »Nonplusultra« zur Gewichtsreduktion und Verbesserung der allgemeinen Gesundheit zählte, wird der tatsächliche Nutzen dieser Ernährungsform inzwischen mehr und mehr angezweifelt. Die Zahl der Befürworter der fettreichen ketogenen Diät nimmt hingegen kontinuierlich zu.

Bereits in den 1970iger Jahren machte der inzwischen verstorbene amerikanische Mediziner Dr. Robert C. Atkins die Öffentlichkeit auf die ketogene Ernährungsweise aufmerksam. Seine Empfehlungen einer fettreichen und kohlenhydratreduzierten Ernährung waren damals revolutionär. Heutzutage ist die »Atkins-Diät« weltweit bekannt. Sie stellt die ursprüngliche Form der ketogenen Diät dar. Eine Variante der ketogenen Diät ist die so genannte »Anabole

Diät«, die überwiegend von Bodybuildern, Kraft- und Fitness-Sportlern praktiziert wird.

Die ketogene Diät stellt die Grundsätze der fettarmen Ernährung auf den Kopf. Ein Blick auf die Nährstoffzusammensetzung macht dies deutlich: Der prozentuale Anteil der Fette an der Gesamtenergiezufuhr liegt nämlich bei 55-70%. Weitere 25-35% der Gesamtkalorien werden durch Eiweiß abgedeckt und nur maximal 5% durch Kohlenhydrate. Bei dieser Ernährungsform zur Gewichtsreduktion wurden Kohlenhydrate und das Bauchspeicheldrüsenhormon Insulin zum Feind erklärt.

Viele Sportler haben diese spezielle Ernährungsform ausprobiert. Motiviert durch die Anfangserfolge folgt der Versuch sich dauerhaft nach den Grundsätzen der ketogenen oder Anabolen Diät zu ernähren. Ein Unterfangen, das sich in der Praxis häufig als schwierig erweist. Die Gründe dafür sind verständlich: Eine Reduzierung der Kohlenhydrate auf ein absolutes Minimum (maximal 30g/Tag), wie es etwa die Anabole Diät erfordert, setzt äußerst viel Disziplin voraus. Schon der kleinste Ausrutscher, sei es nur ein Apfel oder ein Stück Brot, gegessen in der kohlenhydratfreien Phase, mindert die Effektivität dieser Diätform deutlich und führt im schlimmsten Fall zum Gegenteil: Schnellem Fettaufbau und Gewichtszunahme.

Die stark fetthaltige Ernährung – wie sie die ketogene Diät bzw. Anabole Diät erfordert – ist außerdem nicht Jedermanns Sache. Nach einigen Wochen kommen die meisten Anwender an den Punkt, an dem sie einfach kein fettes Fleisch, Käse, Öl und auch keine Eier mehr sehen, geschweige denn essen können. Die 1-2 Aufladetage bei der Anabolen Diät, an denen gesündigt werden darf und man angeblich »Alles« in sich hineinstopfen kann, sind auf Dauer auch keine Entschädigung für die extreme Disziplin und die eingeschränkte Lebensmittelauswahl während der übrigen 5-6 nahezu kohlenhydratfreien Tage.

Zudem kommt es aufgrund der ungewohnt hohen Fettzufuhr häufig zu Magenproblemen. Die Erfahrungen der zahlreichen Anwender haben gezeigt, dass man kurzfristig zwar Erfolg mit der ketogenen Diät bzw. Anabolen Diät haben kann, langfristig ist es aber den wenigsten möglich, sich konsequent danach zu richten.

Die Metabole Diät

Sowohl die Anhänger der kohlenhydratlastigen und nahezu fettfreien Low Fat Diät als auch die der fettreichen, fast kohlenhydratfreien ketogenen Diät/Anabole Diät folgen beide in gewisser Weise effektiven Ansätzen. Wie bereits beschrieben, haben diese jedoch auch etliche Schwachpunkte. Auch wenn viele mit einer dieser Diäten Erfolge erzielt haben, so stehen dem ebenso viele oder sogar mehr erfolglose Versuche gegenüber, mit den beiden genannten »Extremformen« der Ernährung Körperfett abzubauen und gleichzeitig Muskelmasse zu erhalten.

Die Metabole Diät ist eine Ernährungsform, die die Vorteile der beiden Philosophien mit maximaler Effektivität verbindet und die Nachteile weitgehend ausschaltet. Der Name dieser Ernährungsform ist von dem Begriff »Stoffwechsel« (engl. »metabolism«) abgeleitet. Für alle

Leser die mit dem Begriff nichts anfangen können, folgende kurze Erklärung:

Stoffwechsel = Summe aller physikalischen und chemischen Körpervorgänge. Ist der Stoffwechsel »langsam«, dann spricht man auch von einem niedrigen Stoffwechselgrundumsatz.

Stoffwechselgrundumsatz = Anzahl der Kalorien, die der Körper pro Tag benötigt um das Körpergewicht unverändert beizubehalten, auch als täglicher Kalorienbedarf bezeichnet.

Das Hauptproblem der meisten Übergewichtigen und auch vieler Bodybuilder, Fitness- und Kraftsportler – deren Körperfettanteil zu hoch ist – besteht darin, dass ihr Stoffwechselgrundumsatz sehr niedrig ist. Obwohl insgesamt wenige Kalorien gegessen werden, bleibt das Körpergewicht konstant und der Körperfettanteil nimmt schleichend zu. Der Stoffwechsel ist sozusagen »eingeschlafen«.

Sie kennen das bestimmt aus eigener Erfahrung: Nach mehreren Wochen Diät arbeitet Ihr Organismus auf Sparflamme, der Stoffwechselgrundumsatz sinkt immer weiter ab, Sie müssen die Kalorienzufuhr mehr und mehr reduzieren, um weiterhin ein langsam sinkendes Körpergewicht auf der Waage zu registrieren. Das ständige Hungergefühl wird immer unangenehmer. Irgendwann stagnieren die Diätbemühungen und trotz drastisch eingeschränkter Kalorienzufuhr zeigen sich im Spiegel und auf der Waage keine Erfolge mehr. Ein häufig vorkommendes Szenario, das bei den meisten Diäten früher oder später eintritt.

Die Metabole Diät arbeitet hier effektiver: Durch gezielte und ausgewogene Zufuhr der richtigen Kohlenhydrate, Fette und Eiweiße, zusammen mit dem optimalen Timing der Nährstoffe kommt es erst deutlich später oder gar nicht zu einem Stillstand bei den Diätbemühungen. Der Stoffwechselgrundumsatz sinkt nicht so schnell ab, es wird ein nachhaltiger und gleichmäßigerer Körperfettabbau erzielt.

Und: Wer mit Low Fat, ketogen oder anderen Diäten stagniert, kann oft doch wieder Fortschritte erzielen, wenn er auf die Metabole Diät umsteigt, so die Erfahrungswerte vieler zufriedener Anwender.

Die Metabole Diät stellt keine Extremform der Ernährung dar. Im Gegensatz zu anderen Diätformen wird bei der Metabolen Diät keiner der drei Makro-Nährstoffe Kohlenhydrate, Eiweiß und Fett zum Feind erklärt. Durch die richtige Verteilung und ein optimales Timing der Nährstoffzufuhr werden vielmehr die positiven Eigenschaften eines jeden einzelnen Nährstoffs effektiv genutzt.

Prinzipiell handelt es sich bei der Metabolen Diät um eine kohlenhydratarme (LOW CARB, nicht kohlenhydratfreie!) und eiweißreiche Ernährungsweise mit moderatem Fettanteil. Das Nahrungsmittelangebot für die Metabole Diät ist dementsprechend groß und abwechslungsreich, da fettarme, fettreiche sowie kohlenhydratreiche Lebensmittel verzehrt werden dürfen. Ein großer Vorteil gegenüber der Low Fat Diät und der ketogenen Diät bei denen auf viele Nahrungsmittel verzichtet werden muss.

Im Rahmen der Metabolen Diät wird die individuelle Stoffwechselsituation des Einzelnen optimal berücksichtigt und die Kalorien- und Nährstoffzufuhr den Zielen (Gewichtsabnahme, -zunahme, Körpergewicht konstant halten) entsprechend angepasst. Bei der Ermittlung der Nährstoffverteilung wird zudem die körperliche Aktivität des jeweiligen Tages berücksichtigt. Man unterscheidet zwischen der Nährstoffzufuhr an Trainingstagen und an trainingsfreien Tagen.

Insbesondere das richtige Timing der Kohlenhydratzufuhr ist von entscheidender Bedeutung. Um die Vorteile einer ausreichenden Kohlenhydratzufuhr (Glykogenspeicherung, Schaffung eines anabolen Umfeldes zum Erhalt/Aufbau von Muskelsubstanz etc.) zu nutzen und die Nachteile (Fettspeicherung, Hemmung des Fettabbaus etc.) zu vermeiden, werden Kohlenhydrate nur zu ganz bestimmten Zeitpunkten verzehrt. An Trainingstagen zum Frühstück, vor dem Training (»Pre-Workout Phase«) und direkt nach dem Training (»Post-Workout Phase«). An trainingsfreien Tagen werden außer zum Frühstück so gut wie keine Kohlenhydrate mehr zugeführt. Die Trennung von Kohlenhydraten und Fett in einer Mahlzeit ist ebenso wichtig. Da es durch die Kohlenhydratzufuhr zu einem Insulinanstieg kommt, darf gleichzeitig nur wenig Fett zugeführt werden. Ausreichend hochwertiges Protein ist allerdings Bestandteil jeder Mahlzeit.

Fazit

Die Metabole Diät berücksichtigt die individuelle Stoffwechsellage des Einzelnen, sorgt für eine gezielte und ausge-

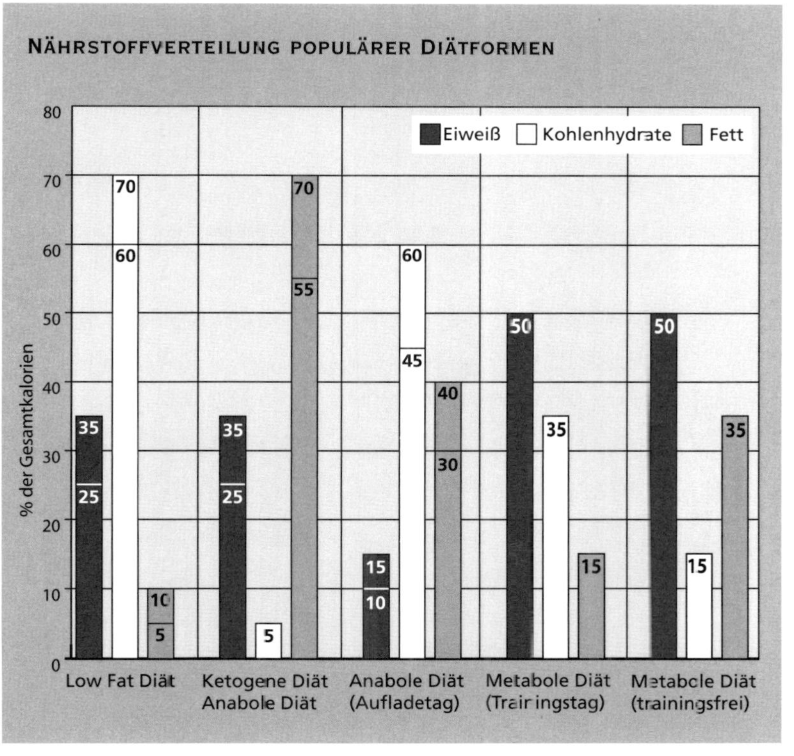

wogene Zufuhr der richtigen Kohlenhydrate, Fette und Eiweiße und optimiert das Timing der Nährstoffzufuhr. Daraus ergibt sich die ideale Ernährungsform für alle, die an einem schnellen Fettabbau OHNE gleichzeitigen Muskelabbau interessiert sind.

Und das Wichtigste: Die Metabole Diät ist keine »Diät« im klassischen Sinne, sondern eine Ernährungsform, die langfristig angewendet werden kann und mit der sich dauerhafte Erfolge erzielen lassen.

DIE VORTEILE DER METABOLEN DIÄT

- EFFEKTIVE UND MAXIMALE STOFFWECHSELAKTIVIERUNG!
- RASANTER FETTABBAU OHNE GLEICHZEITIGEN MUSKELABBAU!
- GLEICHMÄSSIGER KÖRPERFETTABBAU, BESONDERS AN DEN »PROBLEMZONEN«!
- OPTIMALER MUSKELAUFBAU OHNE AN KÖRPERFETT ZUZULEGEN!
- VERBESSERTER FETTSTOFFWECHSEL, DADURCH WENIGER MUSKEL-MASSEVERLUST BEI KOHLENHYDRATMANGEL (Z.B. NACHTS)!
- SCHNELLERE REGENERATION DURCH EXAKTES TIMING DER KOHLENHYDRATZUFUHR!
- GROSSE NAHRUNGSMITTELAUSWAHL, SOWOHL FETTARME ALS AUCH FETTREICHE LEBENSMITTEL SIND ERLAUBT!
- PRAKTISCH AUSSER HAUS UND UNTERWEGS UMSETZBAR!
- »AUSRUTSCHER« BEI DER KOHLENHYDRATZUFUHR KÖNNEN LEICHT KOMPENSIERT WERDEN!
- AUSGEGLICHENER SÄURE-BASEN-HAUSHALT!
- DAUERHAFTER ERFOLG DANK ABWECHSLUNGSREICHER ERNÄHRUNG!

Eine ausführliche Erklärung der Metabolen Diät und dessen praktische Anwendung finden Sie in dem gleichnamigen Buch **»Die neue optimierte Metabole Diät – Neuauflage 2012«.** Das Buch mit der ISBN 978-3-9502301-0-9 erhalten Sie im Buchhandel, auf www.amazon.de oder direkt beim Verlag unter **www.metabole-diet.com**

SCHNELL + EINFACH

KOCHEN VON A-Z

KAPITEL 3

Abkürzungen: Die folgenden Abkürzungen wurden für die Angabe von Zutaten und Nährwerten bei den Rezepten verwendet:

Bnd. = Bund	Msp. = Messerspitze
EL = Esslöffel	MUF = mehrfach ungesättigte Fettsäuren
g = Gramm	kcal = Kilokalorien, kurz: Kalorien
l = Liter	Fett i. Tr. = Fettgehalt in Trockenmasse
ml = Milliliter	TL = Teelöffel
Pkg. = Packung	Tgk. = tiefgekühlt

Abseihen: Darunter versteht man das Abgießen des Kochwassers oder des Kochguts in einen Durchschlag oder ein Sieb, um die festen Bestandteile von den Flüssigen zu trennen.

Abschmecken: Nach persönlichem Geschmack würzen bzw. süßen.

Abschrecken: Kurz unter fließend kaltes Wasser halten.

Ahornsirup: Kanadische Spezialität zum Süßen von Speisen.

Amarant: Ist ein Pseudogetreide. Es sieht zwar aus wie Getreide und seine Samen werden auch so verwendet, aber es ist kein Getreide. Amarant ist glutenfrei. Dies macht es zu einem vollwertigen und verträglichen Getreideersatz bei der weit verbreiteten Glutentunverträglichkeit. Die Nahrungsmittelindustrie verwendet Amarant heute in der Baby- und

Kindernahrung, als Zumischung in Brot, Gebäck und Müsli, bei Eierkuchen und Pasta, auch in Wurstwaren sowie im Fast-Food-Bereich bei Riegeln und Snacks. Amarant entfaltet beim Kochen seinen typisch nussigen Geruch. Der Verzehr kann im Müsli oder zu Grütze gekocht als Beilage erfolgen. Der Naturkosthandel führt Amarantkörner pur oder als Zutat (auch gepoppt) in Müslimischungen.

Anschwitzen: leicht anbraten – nicht bräunen.

Auftauen: Tiefgefrorene Zutaten können entweder langsam bei Zimmertemperatur oder in der Mikrowelle aufgetaut werden. Das Auftauen in der Mikrowelle ist wesentlich schneller. Hierbei sollte jedoch beachtet werden, dass die Funktion »Auftauen« bzw. eine niedrige Wattzahl (150-200) eingestellt ist. Wird fälschlicherweise die Funktion »Erhitzen« oder eine höhere Wattzahl (500-700) eingestellt, dann werden Fleisch, Fisch oder Geflügel stellenweise schon gegart.

Auslösen: Das Fleisch vom Knochen entfernen.

Ayvar: Mazedonische Gewürzsauce aus Paprikaschoten, Tomaten, scharfen Gewürzen und Kräutern. Schmeckt gut zu Fleisch und Gegrilltem. Erhältlich im gut sortierten Lebensmittelhandel.

Backrohr: Andere Bezeichnung für Backofen.

Backzeit: Die Backzeit kann je nach Backofen etwas variieren.

Ballaststoffe: Bei Ballaststoffen handelt es sich auch um Kohlenhydrate. Der Energiegewinn durch Ballaststoffe ist aufgrund der geringen zugeführten Mengen allerdings zu vernachlässigen.

Balsamico: Auch »Aceto balsamico« oder »Balsamessig« genannt. Italienische Essig-Spezialität.

Blättrig schneiden: In feine Scheiben schneiden.

Blanchieren: Kurz (etwa 1-2 Minuten) in kochendes Wasser geben oder mit kochendem Wasser übergießen.

Braten/Anbraten: Was das Braten oder Anbraten von Speisen betrifft, so gibt es die unterschiedlichsten Varianten.

beidseitig anbraten: »Putenschnitzel beidseitig 4 Minuten anbraten.« Bedeutet: Jede Seite des Putenschnitzels 2 Minuten braten.

glasig braten/leicht anbraten: Nur leicht und kurz anbraten – soll nicht braun werden.

rösten/anrösten: In heißem Öl oder Fett nur kurz anbraten um Geschmack und Farbe zu verbessern.

scharf anbraten: Auf heißer Flamme (höchster Stufe) braten.

Butterflocken: Butter fein mit einem scharfen Messer vom

Block schneiden, sie ringelt sich dabei ein = Butterflocke.

Chiliflocken: Mit Samen getrocknete, zerstoßene rote Chilischoten.

Chilischoten: Eine aus Südamerika stammende scharfe Paprikasorte, die man bei uns hauptsächlich zum Würzen verwendet. Man kann von Chilis einen scharfen und beißenden Geschmack erwarten. Sobald man sich an ihr »Feuer« gewöhnt hat, wird man jedoch überrascht sein, wie viele verschiedene zusätzliche Geschmacksrichtungen sie zeigen können: Fruchtig, erdig, rauchig, frisch, süß und blumig sind nur einige davon.

Cocktailtomaten: Kleine, etwa Kirschgroße Tomatensorte.

Cottage Cheese: Auch bekannt als »körniger Frischkäse« oder »Hüttenkäse«

Dijon-Senf: Klassischer Dijon-Senf ist sehr scharf. Er wird aus braunen, sehr fein gemahlenen Senfkörnern hergestellt. Traditionell werden die Senfkörner bei Dijon-Senf nicht entölt, was ihm ein besonders volles Aroma verleiht.

Dressing/Marinade: Vorsicht! Vor allem Fertigdressing liefert zusätzliche »versteckte« Kalorien und meistens auch Kohlenhydrate, die Sie in die Berechnung Ihrer Kalorienzufuhr mit einbeziehen müssen.

Dünsten: Auf kleiner Flamme köcheln. Zugedeckt, damit die Flüssigkeit nicht verdampft.

Eier pochieren: 2 Liter Wasser mit einem Spritzer Essig aufkochen, die Hitze reduzieren bis das Wasser keine Blasen mehr wirft. Die Eier nacheinander in einer Tasse aufschlagen und ins Wasser gleiten lassen. Bei milder Hitze etwa 5 Minuten ziehen lassen und danach mit einem Siebschöpfer aus dem Wasser fischen. Damit sich das Eiweiß beim Pochieren um das Eigelb schmiegt und nicht zerläuft, müssen die Eier ganz frisch sein.

Eiklar: Gibt es im Großhandel (z.B. Metro) auch im Tetra Pak zu kaufen. Da Eiweiß in der Metabolen Diät eine wichtige Rolle spielt und Eiklar in vielen meiner Rezepte vorkommt macht es Sinn dieses in größeren Mengen zu kaufen und eventuell einzufrieren.

Eischnee: Eiklar mit einem Handmixer (siehe Abbildung in Kapitel 5 »Küchengeräte und Küchenhelfer«) oder einer Küchenmaschine so lange mixen bis ein Schnitt mit dem Messer sichtbar bleibt. Das Eiklar sollte am besten kühl sein und darf keine Spur Dotter enthalten. Der Eischnee gelingt besser, wenn etwas kaltes Wasser oder eine Prise Salz zugegeben wird.

Energie: Entspricht dem Gesamtkaloriengehalt eines Rezeptes. Auch Brennwert genannt. Für die Berechnung des Energiegehaltes der Rezepte werden für 1g Fett 9 Kalorien (kcal) und für je 1g Eiweiß und Kohlenhydrate 4 kcal angesetzt. Der Gesamtkaloriengehalt wurde bei allen Rezepten auf eine ganze Zahl ohne Dezimalstellen gerundet.

Erdnussmus: Auch als »Erdnussbutter« bekannt und in diversen Variationen erhältlich. Ideal ist ein Produkt ohne Zuckerzusatz (geringer Kohlenhydratanteil) und ohne zusätzliche gehärtete Fette. Gibt es u.a. im DM-Drogeriemarkt von der Firma Alnatura.

Faschieren: Sehr fein hacken oder mit einer Küchenmaschine zerkleinern (siehe Abbildung in Kapitel 5 »Küchengeräte und Küchenhelfer«).

Faschiertes: Hackfleisch vom Rind oder Schwein gibt es in jeder Fleischerei (meistens frisch zubereitet) und im Supermarkt an der Fleischtheke, oder abgepackt im Kühlregal. Geflügel-Hackfleisch wird auf Anfrage auch frisch vom Fleischer zubereitet, kann man aber auch selber in einer elektrischen Küchenmaschine faschieren.

Feta-Käse: Auch als »Griechischer Schafskäse« bekannt. Erhältlich mit unterschiedlichem Fettgehalt von bis zu 45% i. Tr.

Fett/Öl: Wird Öl oder Butter zum Braten verwendet, dann wird nicht die gesamte Menge davon auch verzehrt. Bei der Berechnung der Nährwerte und des Fettanteils wurde davon ausgegangen, dass nur die halbe Menge letztendlich auch mit der Mahlzeit verzehrt wird.

Frühlingszwiebel: Ist trotz ihres Namens das ganze Jahr über erhältlich. Im Gegensatz zur Küchenzwiebel – die ausgereift und getrocknet ist – ist die Frühlingszwiebel noch weich und mild. Sie wird geerntet, wenn sich an den Pflanzen gerade ein Knollenansatz gebildet hat. Es können sowohl die Knollen, als auch die Stangen verwendet werden. Frühlingszwiebeln müssen rasch verarbeitet werden, denn sie welken schnell. Im Kühlschrank gelagert sind Frühlingszwiebeln nur etwa zwei Tage haltbar.

Gelatineblätter auflösen: Die Blätter einzeln in kaltes Wasser einlegen bis sie weich sind (ca. 5 Minuten). Die aufgequollenen Blätter abtropfen lassen und in einem kleinen Kochtopf unter ständigem Rühren erwärmen, bis sie sich auflösen (nicht aufkochen!). Zur Weiterverarbeitung das Gelee auf Zimmertemperatur abkühlen lassen.

Gemüse: Bei der Auswahl von Gemüse empfehle ich generell die frische Variante, da frisches Gemüse einfach besser schmeckt als tiefgefrorenes. Bei den meisten Rezepten habe ich daher auch frisches Gemüse verwendet. Tiefkühlgemüse wird allerdings immer beliebter, nicht zuletzt weil es schnell und einfach zubereitet werden kann.

Gewürze: Werden in Kapitel 4 »Kräuter & Gewürze ABC« ausführlich erklärt.

Hafermark: Fein zerriebene Haferflocken. Gibt es im Supermarkt fertig zu kaufen, können aber preiswerter und sehr einfach mit einer elektrischen Küchenreibe selber hergestellt werden.

Jalapeño Chilis: Milde Chilisorte, siehe auch »Chilischoten«.

Jungzwiebeln = Frühlingszwiebeln: Sind im Vergleich zu herkömmlichen Zwiebeln milder im Geschmack.

Kaffeepulver: Löslicher Instant-Kaffee.

Kapern: Schmecken herb und würzig-bitter, in Essig eingelegt auch säuerlich. Man verwendet sie zum Verfeinern pikanter Soßen, zu Fleisch- und Fischgerichten, sowie zu Geflügel, als auch in Salaten.

Knoblauchgranulat: Auch als Knoblauchpulver bezeichnet.

Knoblauch pressen: Knoblauch kann in einer speziellen Knoblauchpresse (siehe Abbildung in Kapitel 5 »Küchengeräte und Küchenhelfer« gepresst werden. Man kann die Knoblauchzehe aber auch mit einer Gabel zerdrücken oder mit einem Messer sehr fein hacken.

Köcheln: Zugedeckt, auf kleiner Flamme kochen.

Kokosmilch: Entsteht nicht in der Nuss, sondern ist ein Gemisch aus dem Fruchtfleisch der Kokosnuss und frischem Kokoswasser. Das feste, weiße Fleisch wird mit heißem Wasser püriert und die Mischung dann durch ein Tuch gepresst. Kokosmilch wird häufig in Dosen verkauft. Meist hat sich, wenn man die Dose öffnet, eine feste »Kokosschicht« gesammelt. Die Flüssigkeit ist dann unter dieser Schicht. Man sollte die Dose deshalb vor dem Öffnen gut schütteln.

Kräuter/Kräutermischung: Ich empfehle frische oder tiefgekühlte Kräuter zu verwenden, da hierbei der Geschmack besser zur Geltung kommt als bei getrockneten Kräutern.

Magerkakao = entöltes Kakaopulver: Gibt es in jedem Supermarkt. Es steht aber nicht unbedingt »entölt« auf der Verpackung. Kakaopulver wird hergestellt, indem die Kakaomasse entölt und dann zu Pulver gemahlen wird. Nicht entöltes Kakao(-pulver) ist einfach Kakaomasse.

Magerquark: Quarksorte mit dem geringsten Fettanteil.

Maisstärke: Auch unter dem Markennamen »Mondamin – Feine Speisestärke« bekannt. Hervorragend geeignet zum Binden von Soßen, Cremes, Grützen und anderen Leckereien.

Mangoldblätter: Grünes Blatt- und Stielgemüse mit einem würzigen, leicht nussigen Geschmack, der vielen Gerichten eine ganz spezielle Note verleiht. Mangold gehört zur gleichen Rübenart wie die Rote Bete. Besonders zart und wohlschmeckend sind die jungen, 10-15cm langen Mangoldblätter. Ältere und übermäßig große sind dagegen etwas bitter. Mangold wird wie Spinat verwendet, durch Blanchieren kann die leicht bittere Geschmacksnote neutralisiert werden.

Marinade: Eine aus mehreren Zutaten zusammen gemischte flüssige Sauce. Wird meist für Salate, Dressings oder zum Einlegen von Fleisch und Geflügel verwendet.

Mousse: Französische Bezeichnung für »Schaum«. Als »Mousse« werden Speisen von schaumiger, cremeartiger Konsistenz genannt.

Nährwerte: Die Nährwerte der Rezepte wurden anhand der großen GU Nährwert Kalorien Tabelle/Neuauflage 2012/2013 (Gräfe und Unzer Verlag, ISBN 978-3833821769) sowie den Angaben auf den Verpackungen der einzelnen Lebensmittel ermittelt. Manche Lebensmittel sind wegen der geringen Nährwertmengen nicht berücksichtigt, z.B. Grüner Salat, Kräuter, Gewürze...

Nockerl: Eine Teigmasse wird mit zwei Ess- oder Teelöffeln (je nach gewünschter Größe) zu ovalen Klöschen geformt. Dabei ist es hilfreich die Löffel nach jedem Nockerl kurz in heißes Wasser einzutauchen, damit der Teig nicht festklebt.

Öl: Für die Rezepte wurden die verschiedensten Öle (Lein-, Erdnuss-, Walnuss-, Distel- und Olivenöl u.a.) verwendet um eine breite Vielfalt an gesunden Fettsäuren zu erreichen.

Omelette: Das Backen eines Omelettes bedarf einiger Übung. Wichtig ist, dass das Omelette immer in Bewegung bleibt und nicht in der Pfanne festklebt. Falls dies doch geschieht, Omelette vorsichtig vom Rand aus nach innen vom Pfannenboden lösen. Am besten gelingt das Omelette wenn die Herdplatte bei mittlerer Temperatur eingeschaltet ist. Je kleiner die Bratpfanne, desto einfacher das Wenden des Omelettes.

Orange filetieren: Um eine Orange zu filetieren, wird sie mit einem scharfen Messer von der Schale zusammen mit der äußeren weißen Haut befreit. Nun kann das Fruchtfleisch-Segment von einer Hautseite gelöst und zur anderen hin abgehoben werden. Man arbeitet sich nun Segment für Segment die Fruchtachse entlang durch. Um den Fruchtsaft aufzufangen sollten Sie Orangen über einer Schüssel filetieren.

Passieren/Pürieren: Zu einer breiigen Masse (Püree) verarbeiten. Entweder mit einem Pürierstab oder durch ein Sieb streichen. Tomaten gibt es zum Beispiel fertig passiert oder püriert im Tetra Pak oder in Konservendosen.

Pfannenrühren: Ist die häufigste Garmethode in der asiatischen Küche. Es zählt zu den ältesten Garmethoden der Welt. Bei dieser Technik, die mit der Wok-Spachtel vorgenommen wird, ist das Gargut wie z.B. Fleischstückchen oder klein geschnittenes Gemüse in ständiger Bewegung.

Pfeffer: Ist Pfeffer in der Zutatenliste aufgeführt, dann ist damit schwarzer Pfeffer gemeint. Wird grüner, weißer oder roter Pfeffer eingesetzt, dann ist dies entsprechend erwähnt.

Portionen: Die meisten Rezepte sind auf 1-2 Portionen berechnet. Ausnahmen sind extra angeführt (z.B. Aufläufe).

Wie viele Portionen ein Rezept tatsächlich ergibt, hängt von Ihrer täglichen Kalorienzufuhr ab, wie das folgende Beispiel verdeutlicht:

Rezept:	Mangoldrouladen mit Tomaten-Zucchini Sauce
Kalorien:	450
Portionen:	1-2

Liegt Ihre tägliche Kalorienzufuhr z.B. bei 1500 Kalorien, dann ergibt das Rezept für Sie 2 Portionen (zu je 225 Kalorien). Wenn Sie als 95kg schwerer Leistungssportler pro Tag 3500 Kalorien verzehren, dann entspricht das Rezept eher einer Portion.

Portionsgröße: Manche Portionen werden Ihnen etwas groß vorkommen. Zu beachten ist jedoch, dass meistens keine weiteren Beilagen (Reis, Nudeln, Kartoffeln o.ä.) dazu kommen.

Prise: Eine kleine Menge eines Gewürzes, die zwischen Daumen und Zeigefinger passt.

Prosciutto cotto: Italienischer Kochschinken.

Proteinpulver: Auch »Eiweißkonzentrat« genannt. Man unterscheidet nach der Art der Rohstoffe. Als Proteinpulver 85% wird ein so genanntes »Mehrkomponenten Eiweißkonzentrat« bezeichnet, das als hochwertige Komponenten meistens Milcheiweiß (Casein), Wheyprotein und Eiprotein enthält (z.B. HY-PRO 85 von ALL STARS, www.all-stars.de).

Durch den hohen Milcheiweißanteil ist es besonders gut für die Zubereitung cremiger Shakes geeignet. Ein reines Wheyprotein-Isolat 90% (z.B. ISO-TECH 94 von ALL STARS) hingegen eignet sich vor allem zur Erhöhung des Proteinanteils von Speisen wie z.B. Gries-, Haferflockengerichte und Gebäck.

Putzen: Gemüse »putzen« bedeutet auch waschen, reinigen.

QimiQ: Sahne-Basis für die natürlich leichte Küche. Besteht aus 99% feinster Sahne und 1% Speisegelatine. Mit nur 15% ist QuimiQ eine fettreduzierte Alternative zu herkömmlicher Sahne.

Reis: Wird in der Regel ungekocht gewogen. Falls das bei einem Rezept nicht der Fall ist, so wird dies extra angegeben. Reisschleim: Gibt es im Supermarkt in der Babykostabteilung. Eine besonders leicht verdauliche Kohlenhydratquelle.

Sake: Japanischer Reiswein. Er hat einen trockenen, sherryähnlichen Geschmack und wird vorwiegend zum Kochen verwendet.

Salat: Der Nährstoffgehalt, insbesondere der Kohlenhydratanteil von grünem Salat (Blattsalat), ist so gering, dass dieser generell zu allen Gerichten zusätzlich gegessen werden kann. Die Auswahl an schmackhaften Salaten ist sehr groß. Im folgenden eine kurze Erklärung bekannter Salatarten.

Batavia

Hat grüne und rötliche Blätter und ist eine Kreuzung aus Kopf und Eisbergsalat. Die Köpfe sind nicht ganz so fest geschlossen wie beim Eisbergsalat, die Blätter aber haltbarer als die des Kopfsalates. Im Geschmack ist er würzig und herzhaft.

Chicorée

Wird von Tageslicht abgeschirmt gezüchtet, daher seine hellgrüne Farbe. Er schmeckt leicht bitter. Es empfiehlt sich, den Strunk großzügig abzuschneiden. Frischer Chicorée ist geschlossen und von weißer Farbe, die Blattspitzen sind hellgelb.

Chinakohl

Ist ein kompakter Wintersalat, den man auch als Gemüse zubereiten kann. Die knackigen Blätter des Chinakohls bilden einen länglichen bzw. ovalen, lockeren Kopf, sind etwas rau und sortenabhängig gelb bis dunkelgrün. Chinakohl schmeckt zart, mild und leicht kohlartig.

Eichblattsalat

Wird von Mai bis Oktober geerntet. Seinen Namen verdankt er der Form seiner Blätter, die lang und schmal geformt sind wie Eichenlaub. Es gibt hellgrüne und rötlich gefärbte Sorten. Im Geschmack ist Eichblattsalat kräftiger als Kopfsalat und hat dabei eine leicht nussige Note. Er ist aufgrund seiner weichen Blätter überaus empfindlich.

Eisbergsalat

Ist als Unterart des Kopfsalates sowohl in Europa als auch in

Nordamerika sehr weit verbreitet. Sein Kopf wiegt oft doppelt soviel wie der von einem Kopfsalat. Durch seine robuste Blattstruktur ist er knackiger. Auch in Frische und Haltbarkeit ist er dem Kopfsalat weit überlegen. Seine äußeren Blätter sind grün, während die inneren eine zunehmend gelbliche oder weißliche Farbe haben. Seinen Namen erhielt er in Kalifornien, von wo er früher auf Eis zur Kühlung in andere Staaten der USA transportiert wurde.

Endivie

Wurde früher hauptsächlich in den Herbst und Wintermonaten angeboten. Neuere Sorten ermöglichen aber auch eine Sommerkultur. Die halbgeschlossenen Köpfe haben außen grüne Blätter und innen ein gelbes Herz. Das gelbe Herz sollte bei Qualitätsware etwa ein Drittel des Kopfes ausmachen. Der in den Salatblättern vorhandene milchige Saft enthält Bitterstoffe, die den Appetit anregen und die Verdauung fördern.

Feldsalat

Auch unter den Namen Rapunzelsalat, Ackersalat, Mausohr oder Vogerlsalat bekannt, ist ein beliebter kleinblättriger Wintersalat. Er hat ein leicht nussiges, etwas herbes Aroma und sollte – da er keine lange Lagerung verträgt – schnell zubereitet und sofort nach dem Marinieren (mit Dressing anreichern) gegessen werden. Der Gehalt an Vitamin A und C übertrifft die anderen Blattsalate. Mit einer großen Schüssel Feldsalat kann man außerdem fast den gesamten täglichen Eisenbedarf decken.

Frisée

Auch krause Endivie genannt. Seine Innenblätter sind gelb und besonders zart. Die äußeren, krausen Blätter sind hellgrün. Friséesalat ist etwas bitter und macht sich gut in Salat-Mischungen.

Grüner Kopfsalat

Ist die bei uns beliebteste und am häufigsten verzehrte Variante unter den Blattsalaten. Er wird das ganze Jahr über angeboten, schmeckt jedoch am besten in der Sommerzeit, in der er einen festen Kopf ausbildet. Besonders begehrt ist sein zartes, gelbes Herz. Er ist reich an Vitaminen und Mineralstoffen, die besonders reichlich in den grünen Außenblättern enthalten sind. Kopfsalat sollte möglichst rasch zubereitet werden, da er schnell welk wird.

Lollo rosso/Lollo bianco

Diese Blattsalate sind herzhaft und dekorativ. Sie unterscheiden sich in der Farbe: Lollo rosso ist rötlich-violett, Lollo bianco zartgrün. Ihre großen Köpfe weisen stark gekräuselte Blätter auf. Die Blätter selbst sind ziemlich fest und robust. Im Geschmack sind sie würzig, angenehm bitter und nussartig.

Radicchio

Die weinroten bis rötlich-violetten Blätter mit den weißen, starken Blattrippen bilden einen kompakten Kopf. Er ist etwas bitter. Durch warmes Wasser kann man den bitteren Geschmack etwas vermindern. Radicchio wird gerne für gemischten Salat verwendet.

Romana oder Römischer Salat

Hat einen länglich spitzen Kopf mit zarten, hellgrünen Innenblättern. Die langen, dunkelgrünen Außenblätter sind fest und knackig. Auch dann, wenn er mit heißen Zutaten in Berührung kommt. Deshalb ist er auch als Kochsalat bekannt. Römischer Salat ist aromatisch herzhaft und wird für »Ceasar-Salad« verwendet.

Ruccola

Auch als Rauke bekannt. Eine sehr alte Salatsorte, die sich wieder wachsender Beliebtheit erfreut. Ruccola schmeckt nussig und leicht scharf, jüngere Blätter sind milder als ältere. Im Frühjahr oder Herbst ist dieser Salat im Geschmack milder als im Sommer. Ruccola findet als würzender Zusatz aber auch weitere Verwendung, z.B. in Nudelgerichten, Risotto, Suppen, Ragouts und Pesto.

Salmonellen: Salmonellen sind Bakterien, die besonders bei immunschwachen Menschen (kleinen Kindern, älteren Personen) schwere Darmerkrankungen hervorrufen können. Gelegentlich werden sie über Nahrungsmittel übertragen. Die Keimdosis und das Immunsystem des Betroffenen entscheidet, ob es zu einer ernsten Erkrankung kommt oder nicht.

Falsche Lagerung, Hygienemängel in der Küche – etwa bei der Handhabung roher Eier oder Fehler bei der Speisenzubereitung – können Ursachen für eine Salmonellenübertragung sein. Zum Glück kommen Salmonellen bei Eiern nur sehr selten vor. Gerade in den letzten Jahrzehnten haben sich die hygienischen Produktionsbedingungen sehr positiv weiterentwickelt. Um Salmonellen gänzlich auszuschließen, kommt es aber immer auf eine lückenlose Einhaltung der Hygieneregeln an. Je frischer ein Ei desto weniger Vermehrungschancen haben eventuell vorhandene Salmonellen, was gerade bei der Zubereitung von Speisen mit rohen Eiern besondere Bedeutung hat.

Wenn Sie die folgenden Vorsichtsmaßnahmen einhalten, dann können Sie Salmonellen mit großer Wahrscheinlichkeit aus Ihrer Küche und von Speisen fernhalten.

➲ Kühle Lagerung! Salmonellen vermehren sich bei Temperaturen unter 8°C praktisch nicht, bei Zimmertemperatur jedoch explosionsartig. Eine nachträgliche Kühlung kann dies nicht mehr rückgängig machen. Einfrieren tötet Salmonellen nicht ab. Erst durch mindestens 10-minütiges Erhitzen auf über 70°C werden sie restlos vernichtet.

➲ Saubere Arbeitsflächen! Achten Sie auf Tropfwasser von aufgetautem Fleisch auf Arbeitsflächen, Kochutensilien und insbesondere auf Ihren Händen – immer sofort gründlich reinigen!

➲ Für Speisen mit rohen Eiern immer nur frische Eier verwenden. Die zubereiteten Speisen anschließend sofort kühl lagern und rasch verzehren.

➲ Salate und Gemüse immer getrennt von Fleisch und Eiern aufbewahren.

Salz: Generell habe ich bei vielen Gerichten auf die zusätzliche Gabe von Salz verzichtet. Kräuter und andere Gewürze geben meiner Meinung nach den Gerichten ausreichend Geschmack. Wer nicht darauf verzichten möchte, kann natürlich seine Speisen beliebig nach eigenem Geschmack salzen.

Schalotten = Edelzwiebeln: Ein Speise- und Würzgemüse aus der Familie der Zwiebelgewächse. Schalotten haben ein feineres, weniger scharfes und würzigeres Aroma als die meisten Speisezwiebelsorten. Zum scharfen Anbraten eignen sie sich nur bedingt, weil sie dadurch bitter und schal werden. Am besten werden sie roh verarbeitet, wodurch ihr eigentümliches Aroma am besten zur Geltung kommt.

Shiitake Pilze: Kräftig schmeckende Speisepilze, die meist in getrockneter Form erhältlich sind. Vor Gebrauch mit heißem Wasser übergießen und einweichen.

Sojasauce: Ist eine asiatische Würzsauce. Von allen Sojasaucen, die es auf dem Markt gibt, sind die japanischen und chinesischen Sojasaucen am bekanntesten. Bei den chinesischen Produkten wird zwischen den hellen und den dunklen Varianten unterschieden. Sojasaucen zeichnen sich außerdem durch unterschiedliche Herstellungsverfahren aus: So gibt es sowohl natürlich gebraute als auch nicht-gebraute (industriell hergestellte) Sojasaucen.

Steak: Ein »richtig« gebratenes Steak wird nur einmal gewendet um die Zartheit des Fleisches zu erhalten.

Je nach Dauer der Bratzeit unterscheidet man zwischen:

Englisch = das Fleisch ist außen leicht gebräunt, innen noch blutig (bei Druck nachgebend). Auf jeder Seite ca. 3-4 Minuten braten.

Medium = Außen gebräunt, innen rosa und in der Mitte noch etwas blutig (bei Druck wenig nachgebend). Auf jeder Seite ca. 4-5 Minuten braten.

Well = Das Fleisch ist durchgegart, in der Mitte zart rosa (bei Druck nicht nachgebend). Auf jeder Seite ca. 6-7 Minuten braten.

Stocken lassen: z.B. flüssiges Ei in einer Bratpfanne zu Rührei »fest werden lassen«.

Süßstoff: Gibt es in flüssiger- oder Tablettenform sowie als Pulver. Für meine Rezepte bevorzuge ich die flüssige Form, da sich die Tabletten nur in heißer Flüssigkeit sofort auflösen. Beim Kauf darauf achten, dass der Süßstoff »kohlenhydratfrei« ist.

Tabasco: Rote, sehr scharfe Pfeffersauce.

Tatar: Hackfleisch (Faschiertes) aus Rinderfilet. Wird als Delikatesse gerne »roh« gegessen.

Teriyaki Marinade: Würzsauce zum Verfeinern von asiatischen Gerichten. Schmeckt leicht süßlich. Teriyaki Marinade wird aus Sojasauce, Wein und verschiedenen asiatischen Gewürzen hergestellt. Gibt es in jedem Asiashop und mittlerweile auch schon in vielen Supermärkten.

Tofu: Tofuprodukte werden aus gelben Sojabohnen hergestellt, die eingeweicht, gemahlen, mit Wasser vermischt und kurz gekocht werden, bis eine feste Masse entsteht.

Unterheben: Vorsichtig einrühren, am Besten mit einem großen Löffel.

Vorbereitung: Die richtige Vorbereitung erleichtert die Zubereitung der Mahlzeiten. Lesen Sie das Rezept zunächst einmal aufmerksam durch, bevor Sie mit dem Kochen beginnen. Eventuell benötigte Küchengeräte oder Hilfsmittel (ausführlich erklärt und bebildert in Kapitel 5 »Küchengeräte und Küchenhelfer«) sollten vorbereitet werden. Vorausdenken und überlegen wie man sich die Arbeit richtig einteilt spart Zeit. Durch ein kleines Übersehen kann das ganze Essen verzögert werden, wenn z.B. das Gericht in einen vorgeheizten Backofen soll und dieser noch kalt ist.

Vorgeheiztes Backrohr/Backofen: Das Backrohr muss bereits die erforderliche Backtemperatur erreicht haben.

Wellness-Schinken: Fettarmer Schinken, ca. 2% Fettanteil.

Ziehen lassen: Zur Seite stellen bzw. ruhen lassen, je nach Zeitangabe.

KRÄUTER & GEWÜRZE ABC

KAPITEL 4

Bei den meisten meiner Rezepte sind die Gewürze ohne Mengenangaben angegeben. Der Grund hierfür ist einfach: Die Menge des Gewürzes zu bestimmen muss dem persönlichen Geschmack des Kochs überlassen bleiben. Die Würzangaben bei meinen Rezepten können dazu nur anleiten. Da Geschmäcker verschieden sind, sollte jeder Koch sein Gericht vor dem Servieren kosten und nach Bedarf würzen. Würzen ist Gefühlssache und erfordert Fingerspitzengefühl, Phantasie und Mut.

Anis

Wegen seines süßlichen Duftes wird Anis vor allem als Backgewürz in Plätzchen, aber auch zum Einmachen von Obst verwendet. Anissamen lassen sich auch zum Würzen von Salaten, Gemüse und Soßen, sowie von Geflügel-, Schalentier- und Schweinefleischgerichten verwenden. Anis verliert in gefrorenem Zustand mit der Zeit an Würzkraft. Deshalb sollten mit Anis gewürzte Speisen, die über einen längeren Zeitraum eingefroren waren, nachgewürzt werden.

Bärlauch

Hat zwar einen an Knoblauch erinnernden Geschmack, ist aber milder und verursacht keinen unerwünschten Mund- oder Körpergeruch. Mit den feingehackten Bärlauchblättern lassen sich Salate, Suppen, Soßen und Gemüse verfeinern.

Basilikum

Wird zum Verfeinern von Fleisch-, Fisch- und Eintopfgerichten verwendet. Aus der mediterranen Küche ist Basilikum nicht wegzudenken. Aber auch Tomatensalat mit Mozzarella oder eine einfache Tomatensoße schmecken mit etwas Basilikum unvergleichlich würzig und eben ein bisschen »italienischer«. Gerichte, die eingefroren werden, möglichst sparsam mit Basilikum würzen, da seine Wirkung durch das Tiefkühlen intensiver wird.

Beifuß

Riecht angenehm herzhaft und schmeckt kühlend würzig, aber auch leicht bitter. Beifuß ist ein typisches Gewürz der nordischen Küche und verfeinert den Geschmack von Wirsing, Weißkraut, Spinat, Eierspeisen, Gemüse- und Kartoffelsuppen, aber auch Salatdressings. Die im Beifuß enthaltenen Bitterstoffe und ätherischen Öle regen die Funktion der Leber an. Deshalb macht Beifuß »schwere Gerichte« wie Gans und fette Braten bekömmlicher. Für Letzteres sollte Beifuß mitgekocht werden.

Bohnenkraut

Ist würzig und hat einen sehr scharfen Geschmack. Wie der Name schon sagt, eignet es sich ideal zum Würzen von Bohnengerichten. Gemischt mit Thymian passt es auch gut zu Aufläufen, Pilzen und Ragouts. Wichtig: Bohnenkraut erst kurz vor dem Garende dem Gericht beigeben, da ansonsten der Geschmack des Bohnenkrauts zu intensiv durchdringt.

Cardamom

Hat ein charakteristisch süßliches Aroma und schmeckt kräftig, ähnlich wie Eukalyptus. Im Herkunftsland Indien werden Reisgerichte teilweise mit ganzen Kapseln gewürzt. In der westlichen Küche ist Cardamom (auch Kardamom) eine sehr beliebte Zutat für Backwaren.

Curry

Es gibt einen großen Unterschied zwischen dem Curry, wie man ihn in Europa kennt, und den vielen verschiedenen Curry-Pulvern, die in der indischen Küche für jedes Gericht individuell und frisch zubereitet werden. In der europäischen Küche wird Curry-Pulver zum Würzen exotischer Reisgerichte und Fleischspieße, aber auch für Suppen und Soßen verwendet.

Außerdem passt Curry sehr gut zu Geflügel. Currygewürz nicht in zu heißes Fett geben, da es sonst bitter werden kann. Besser ist es, das Gewürz leicht anzudünsten, damit es sein Aroma ganz entfalten kann.

Dill

Wird für Suppen, Soßen, Fischgerichte, Krebse und zum Einmachen von Gurken verwendet. Er ist beinahe unentbehrlich für Gurken- oder Meeresfrüchtesalat. Man kann Dill in großzügigen Mengen verwenden, aber am besten erst zum Ende des Garvorganges dem Essen beigeben. Da Dill durch Tiefkühlen an Intensität gewinnen kann, sollte Dill bei Gerichten, die eingefroren werden, nur sparsam verwendet werden.

Estragon

Sparsam eingesetzt eignet sich Estragon hervorragend zum Würzen von Wild-, Geflügel- und Fischgerichten sowie Eierspeisen, Gemüse und Steinpilzen. Estragon sollte in einem gut verschließbaren Behälter aufbewahrt werden, da sich sonst die Aromastoffe verflüchtigen. Auch Estragon gewinnt in gefrorenem Zustand mit der Zeit an Intensität.

Ingwer

Riecht sehr aromatisch und besitzt einen markanten, brennend scharfen Geschmack. Als fester Bestandteil des Curry-Pulvers darf Ingwer bei keinem Gericht der indischen Küche fehlen. Fast jedem Fleisch- und Fischgericht der asiatischen Küche gibt man eine Spur Ingwer hinzu.

Kerbel

Kerbelblätter schmecken anisähnlich kräftig und würzig und riechen süßlich-aromatisch. Kerbel wird in frischem Zustand für Kräutersuppen und Salate verwendet. Man würzt mit Kerbel Fleisch- (besonders empfehlenswert: Lamm) und Fischgerichte. Speisen erst nach dem Kochen mit Kerbel würzen, da er nicht zu stark erhitzt werden sollte.

Knoblauch

Schmeckt scharf und hat einen auffallend charakteristischen Geruch, der nach seinem Verzehr noch lange erhalten bleibt. Knoblauch ist vor allem in Südeuropa sehr beliebt und wird zum Würzen vieler Fleischgerichte (besonders Hammelfleisch), Soßen (Tsatsiki), Gemüse und Salaten verwendet. Je feiner der Knoblauch zerteilt wird, desto kräftiger ist der Geschmack.

Koriander

Es werden sowohl die Samen, die mild-würzig schmecken und angenehm duften, als auch die Blätter, die wegen des scharf bitteren Geschmacks als etwas gewöhnungsbedürftig gelten, verwendet. Koriander wird oft mit Kreuzkümmel kombiniert.

Kresse

Die Kresse zählt zu den beliebtesten und ältesten Salat- und Gewürzpflanzen. Sie ist reich an Vitamin C, Kalium und Calcium. Es gibt drei verschiedene Arten von Kresse: Die Gartenkresse, die Brunnenkresse und die Kapuzinerkresse. Alle Kressearten schmecken rettichartig scharf. Kresse passt zu Salat, Mayonnaise, Kräuterbutter und Käse sowie zu Eier- und Quarkspeisen. Die Kresse darf allerdings nicht gekocht werden, da sie sonst ihre gesamten Inhaltsstoffe und auch den Geschmack verliert. Deshalb wird Kresse erst nach dem Kochen, Backen oder Braten frisch über das fertige Gericht gestreut.

Kreuzkümmel/Cumin

Kreuzkümmel (oft auch als »Cumin« bezeichnet) hat einen intensiven, unverwechselbaren Geschmack. Er ändert sich deutlich durch die Hitze beim Braten oder Kochen. Aus der indischen Küche ist Cumin nicht wegzudenken. Kreuzkümmel verleiht Speisen einen kräftigen, würzig-süßen Duft und einen leicht bitteren, scharfen Geschmack.

Kümmel

Die Kümmelsamen riechen charakteristisch und angenehm,

sie schmecken würzig und etwas beißend. Kümmel verliert bei sorgfältiger Lagerung (trocken und luftdicht) über einen Zeitraum von bis zu vier Jahren kaum an Aroma und Qualität.

Lorbeerblätter

Die aromatischen Blätter des Lorbeerbaums schmecken typisch würzig und leicht bitter. Sie passen zu Suppen, Eintöpfen, Fleischgerichten aber auch zu Fisch und Wildgerichten. Um ihr volles Aroma entfalten zu können, sollten Lorbeerblätter während des gesamten Garvorganges mitgekocht werden. Da sie in Speisen dominieren, sollten Lorbeerblätter sehr vorsichtig dosiert werden.

Majoran

Schmeckt aromatisch, süßlich und etwas bitter. Gut geeignet für Braten sowie Kartoffel- und Pilzgerichte. Majoran entfaltet seine volle Würzkraft erst beim Mitgaren im Kochtopf und sollte deshalb vorsichtig dosiert werden. Falls mit Majoran gewürzte Gerichte eingefroren waren und wieder aufgetaut werden, müssen sie oft nachgewürzt werden, da seine Würzkraft während der Gefrierzeit nachlässt.

Melisse

Die bittersüßen, frisch nach Zitrone schmeckenden Blätter eignen sich als Gewürzgrundlage für viele Arten von Desserts und Nachspeisen.

Minze

Der charakteristisch erfrischende Geschmack ist vor allem bei

Obstsalaten begehrt. Minze wird ebenso gerne verwendet um Lamm, Leber und Geflügel eine besondere Note zu verleihen.

Muskatnuss

Hat einen harzig warmen Geschmack. Muskatnuss schmeckt hervorragend in Kartoffelgerichten und würzt viele Gemüsesorten. Auch Süßspeisen wie Pfannkuchen, Obstkuchen oder Obstsalat kann Muskatnuss eine interessante Note geben. Nach dem Mahlen verliert Muskat seinen Geschmack sehr rasch. Am besten schabt oder reibt man die nötige Menge Muskat vor Gebrauch frisch von einer ganzen Nuss ab.

Nelken

Duften sehr charakteristisch stark und sollten deswegen vorsichtig eingesetzt werden. Sie sind ein beliebtes Gewürz für Sauer-, Wild- und Schweinebraten und verfeinern deren Soßen. Auch Sauer-, Blaukraut und Weißkohl, Pilze sowie Geflügelgerichte kann man mit Nelken würzen. Nelken harmonieren ebenso gut mit Eingelegtem, Kompott und Pflaumenmus.

Oregano

Beim Zerreiben getrockneter Oreganoblätter wird ein angenehmes, majoranähnliches Aroma frei. Er schmeckt scharf würzig und leicht bitter. Oregano ist ein typisch italienisches Gewürz und aus keiner Pastasoße, Minestrone oder Lasagne wegzudenken. Außerdem eignet sich Oregano hervorragend zum Verfeinern von Zucchini und Auberginen, Salaten, Fisch und Braten sowie anderen Fleischgerichten. Oregano harmoniert sehr gut mit Käse und gehört auf jede Pizza.

Paprika

Gilt als das Lieblingsgewürz der Ungarn. Paprika darf in keinem Gulasch und in keiner Fischsuppe fehlen. Bekannte Gerichte sind auch Paprika-Huhn und serbisches Reisfleisch. Bei uns verwendet man Paprika für verschiedene Saucen und Ragouts, zu Gemüsesuppen und Kohlgerichten. Außerdem passt Paprika hervorragend zu Käse und Quark.

Petersilie

Riecht und schmeckt würzig und bitter. Sie ist heute ein beliebtes Gewürzkraut. Man verwendet Petersilie sehr oft für Suppen, Soßen und zu Eier- und Kartoffelgerichten. Erst nach dem Kochen mit Petersilie würzen, da die Aromastoffe der Petersilie keine Hitze vertragen.

Pfeffer

Hat ein kräftig würziges Aroma, das besonders zur Geltung kommt, wenn die Körner frisch gemahlen werden. Wenn man Pfeffer unzerkleinert verwendet, erhält das Gericht kaum Schärfe, dafür aber einen intensiven Pfeffergeschmack. Schwarzer Pfeffer schmeckt brennend scharf. Er eignet sich besonders für dunkles Fleisch, Soßen, Suppen, Gemüse und Salate. Weißer Pfeffer ist nicht ganz so scharf und hat einen höheren Ölgehalt als schwarzer Pfeffer. Er wird für helles Fleisch (Geflügel) verwendet. Grüner und roter Pfeffer sind deutlich milder und aromatischer.

Rosmarin

Duftet delikat würzig und schmeckt intensiv. Besonders

in der italienischen Küche ist Rosmarin sehr beliebt. Dort würzt man damit vor allem Fleisch- und Fischgerichte, Kartoffeln, Gemüse und Marinaden. Rosmarin sollte vorsichtig dosiert werden, da sich erst beim Mitgaren seine volle Würzkraft entfaltet. Wird zuviel Rosmarin beigegeben, dann kann sich das kräftige Aroma zu sehr in den Vordergrund drängen.

Salbei
Riecht aromatisch und schmeckt würzig, bitter. Das Gewürz wird für Fleischgerichte, Wild, Geflügel, Würstchen, Fischgerichte und Kräuterkäse benutzt. Besonders zu fettreichen Speisen passt Salbei gut, denn er fördert die Bekömmlichkeit »schwerer Kost«. Salbei gehört zu den Kräutern, die sich auch getrocknet gut verwenden lassen.

Schnittlauch
Der Geschmack von Schnittlauch ist zwiebelartig, aber erheblich feiner. Schnittlauch wird frisch, getrocknet, gefriergetrocknet oder eingefroren verwendet und eignet sich ideal als Beigabe zu Salaten, Eierspeisen, Suppen und Frischkäse oder Quark. Schnittlauch harmoniert gut mit Petersilie, Estragon oder Kerbel.

Thymian
Duftet stark aromatisch und schmeckt bitter-würzig. Thymian verleiht Salaten ein südländliches Flair, vorzugsweise Tomaten und Schafskäse. Thymian eignet sich außerdem gut zum Würzen von Hackfleischgerichten, Wild, Lamm,

Eintopf und natürlich Pizza. Gerichte, die zum Aufbewahren in der Gefriertruhe bestimmt sind, sollten nur sehr sparsam mit Thymian gewürzt werden, da er mit der Zeit an Intensität gewinnt.

Wacholderbeeren

Beim Zerquetschen der Beeren entsteht ein würziger Duft. Trotz des leicht bitteren Nachgeschmacks schmecken sie angenehm würzig-süß. Wacholderbeeren sind das typische Gewürz zum Verfeinern von Wildgerichten und auch für Sauerkraut eine echte Bereicherung. Wacholderbeeren geben Braten und dunklen Soßen eine pikante Würze und zusätzlich Bekömmlichkeit.

Zimt

Als Faustregel gilt: Alles, was mit Zucker gesüßt wird, kann auch mit Zimt abgeschmeckt werden. Obstsalate, Kompott, Apfelmus, Milchreis, Vanillesoße und Marmeladen sind nur einige Beispiele. In kleinen Dosen zum Würzen von Fleisch, wie z.B. gebratenem Schinken, Lammkoteletts, Füllungen von Enten- oder Gänsebraten, Terrinen und Pasteten eingesetzt, hebt Zimt den Duft und Geschmack des ganzen Gerichts.

Zitronengras

Der frische zitronenartige Geschmack mit einem Hauch von Rosenduft verleiht den damit zubereiteten Speisen einen besonders runden, für den Mitteleuropäer exotischen Geschmack. Die Blätter finden vor allem in der südostasiatischen Küche als Gewürz Verwendung. Besonders passend sind sie zu Meeresfrüchten, Fisch und Geflügel. Am besten nutzt man die Blätter wenn sie frisch sind, da sie im getrockneten Zustand deutlich an Aroma verlieren.

Küchengeräte und Küchenhelfer

Kapitel 5

Bratpfanne. Ich empfehle unbedingt eine qualitativ hochwertige »antihaft-beschichtete« Bratpfanne. Diese ist zwar etwas kostspielig, aber haben Sie erst einmal mit einer solchen gekocht, werden Sie nicht mehr darauf verzichten wollen.

Auflaufform

Wok

Kochtopf

Schnellkochtopf oder Drucktopf (in Österreich häufig auch als »Kelomat« bezeichnet). Kochtopf, in dem Gerichte unter erhöhtem Druck und damit mit Temperaturen über 100°C gegart werden. Dadurch verkürzt sich die Kochzeit.

Eismaschine

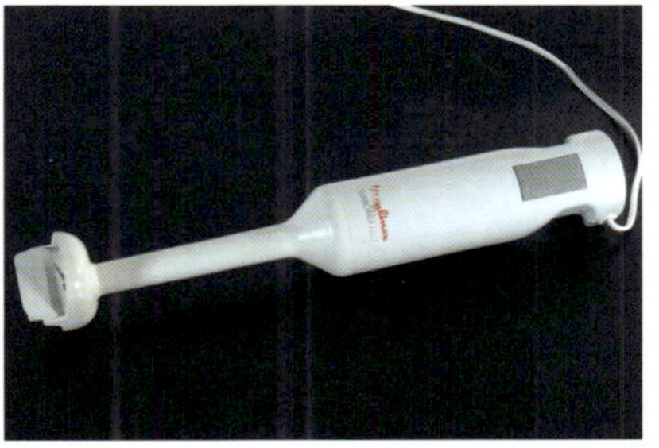

Pürierstab (Stabmixer, Mixstab)

Eisformen

Elektrische Küchenmaschine

Standmixer (Blender)

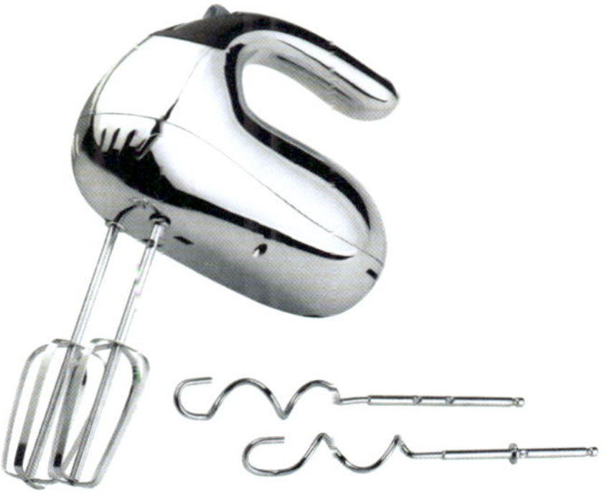

Elektrischer Handmixer

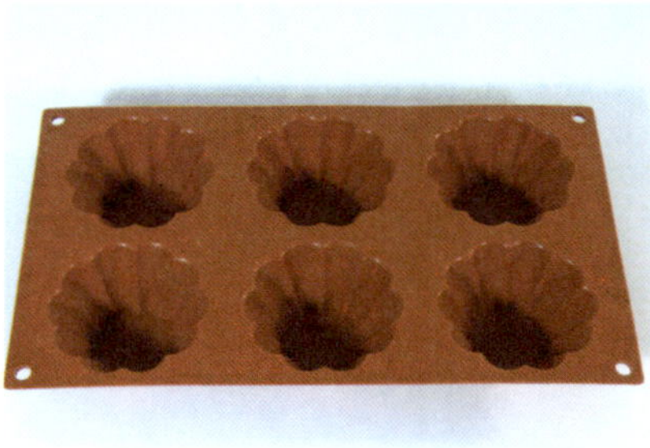

Silikonbackformen für Muffins (z.B. von der Firma Tupperware). Eignen sich optimal zum Backen verschiedenster Gerichte. Die Silikonformen müssen vor Gebrauch nicht eingefettet, sondern lediglich mit kaltem Wasser ausgespült werden. Sie sind kälte- und auch hitzebeständig, ihre Flexibilität erleichtert die platzsparende Aufbewahrung. Bitte achten Sie jedoch darauf, die Backformen nicht auf den Boden des Backofens zu stellen, sondern benutzen Sie immer einen Gitterrost. Vorsicht auch bei der Verwendung von spitzen Messern oder Gabeln – die Backmasse lässt sich in der Regel ohne Werkzeug einfach aus der Form stürzen. Lassen Sie die Muffins dazu einige Minuten in der Form auskühlen.

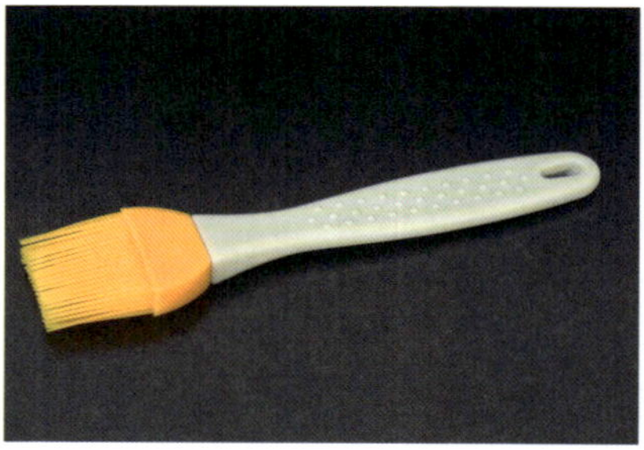

Küchenpinsel. Zum sparsamen bestreichen von Backformen, Bratpfannen oder auch Grillgut mit Öl.

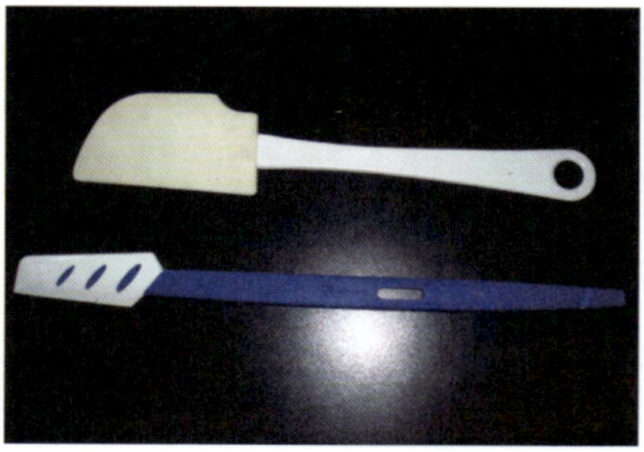

Kuchenteig-Spachtel. Verschiedene Größen.

Salatdressing-Shaker

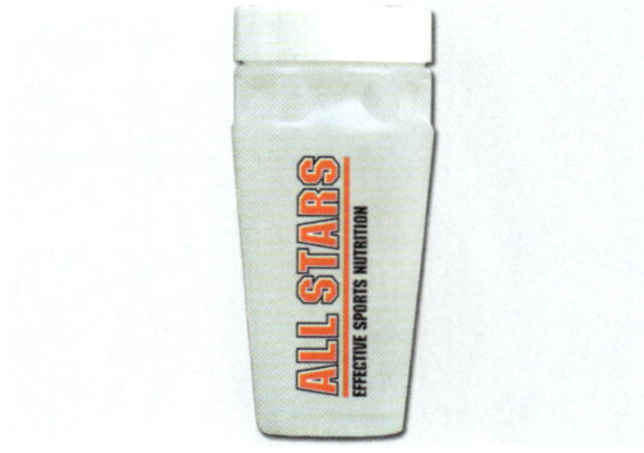

Shaker (Schüttelbecher)

Diät-Computerwaage. Spezial-Waage mit der Sie Kalorien und Nährwerte (KH, E, F) sowie ungesättigte und gesättigte Fette, Cholesterin, Natrium, Ballaststoffe und Zuckergehalt verschiedener Lebensmittel gleich beim Abwiegen ermitteln können. Einfach Auswahl treffen, Lebensmittel abwiegen und schon werden im Display die genannten Werte des abgewogenen Lebensmittels angezeigt. Erhältlich z.B. von TCM bei Tchibo.

Küchenwaage

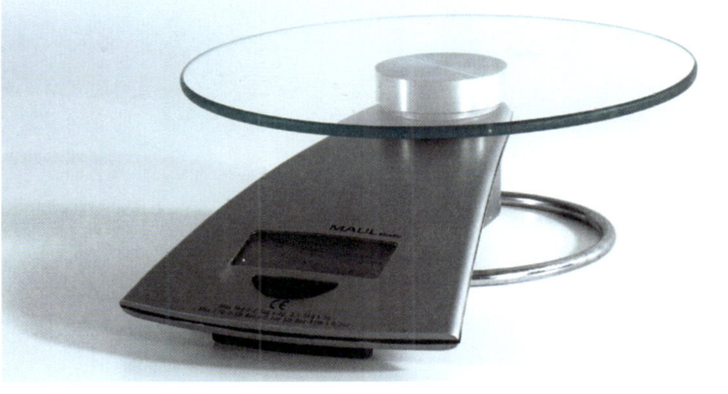

Mechanischer Zerkleinerer

Elektrischer Zerkleinerer. Erleichtert das Zerhacken von Gemüse, Früchten uvm.

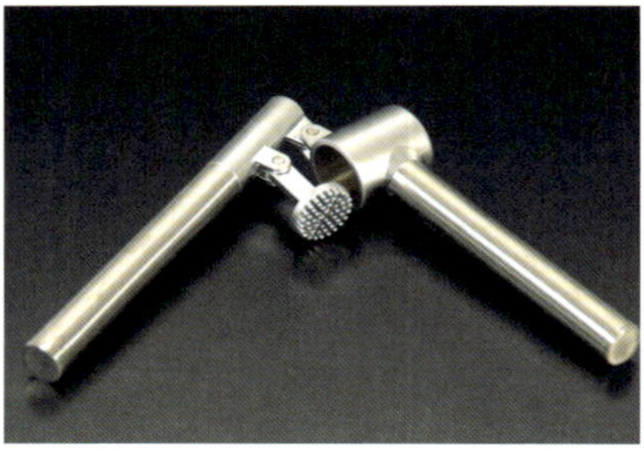

Knoblauchpresse. Besteht aus Kolben und Zylinder mit perforiertem Boden, die über ein zangenähnliches Hebelwerk betätigt werden. Zum Zerkleinern einzelner Knoblauchzehen oder anderer Gemüsestücke dieser Größe. Die Knoblauchzehe wird in den Zylinder gelegt, mit dem oberen Hebel wird der Kolben in den Zylinder gedruckt, wodurch der Knoblauch durch die kleinen Löcher im Zylinderboden getrieben wird.

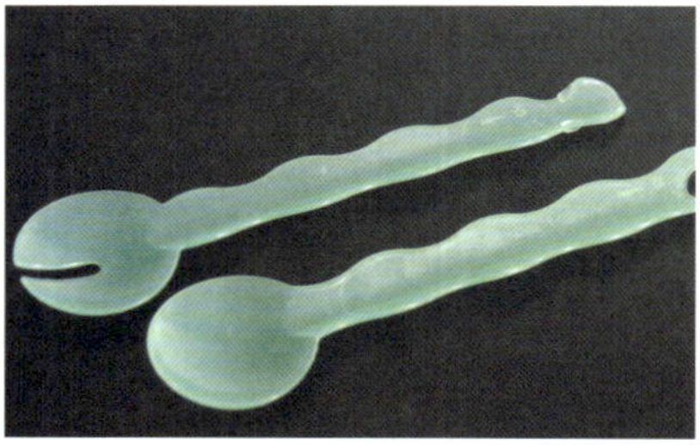

Salatbesteck

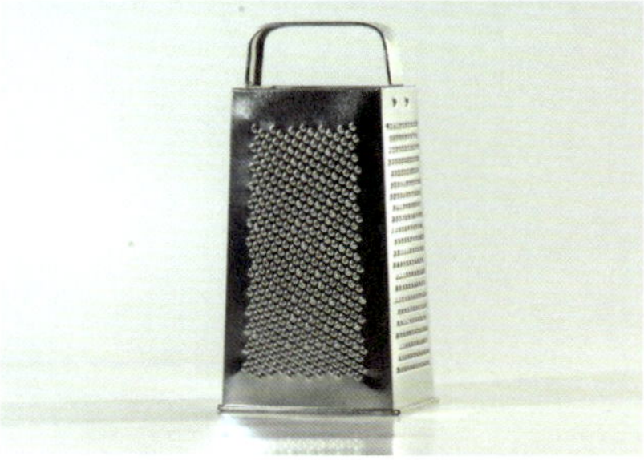

Mechanische Reibe. Zum Reiben bzw. Raspeln von Obst, Gemüse oder Käse.

Ölzerstäuber: Eignet sich nicht nur für die ölsparende Zubereitung von Salaten, sondern auch zum sparsamen Gebrauch von Öl beim Braten in der Pfanne.

Eierpik oder Eierstecher. Küchenwerkzeug, mit dem bei Eiern ein kleines Loch in die Schale gestochen werden kann, um deren Luftkammer nach außen zu öffnen. Dadurch wird ein Druckausgleich ermöglicht und das Platzen der Eierschale beim Kochen verhindert.

Fleischnadel mit Küchengarn. Große Nadel mit gedrehtem Baumwollfaden, der geschmacksneutral und vor allem hitzefest sein muss. Man sollte Küchengarn nur in einer Spender-Dose kaufen, aus der man es einhändig entnehmen kann, damit beim Hantieren das Garn keinen Fleischsaft aufnimmt und faulig wird.

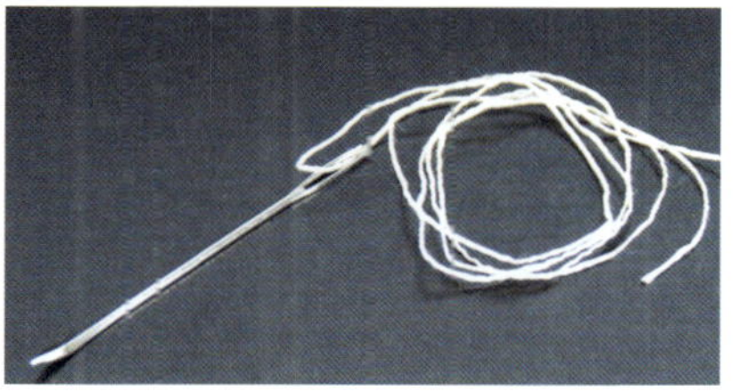

Messlöffel

Messbecher. Verschiedene Größen.

Kochlöffel aus Holz. Zum Umrühren von Suppen und anderen Speisen um die Zutaten zu mischen und ein Anbrennen oder Verklumpen während des Kochens zu vermeiden.

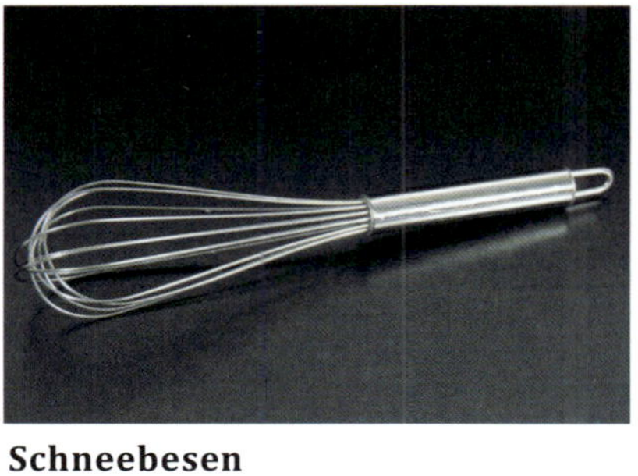

Schneebesen

Fleischklopfer. Küchenwerkzeug zum flachklopfen (küchensprachlich: »plattieren«) von Fleischscheiben z.B. Schnitzel.

Pfannenwender. Klassisches Küchenutensil zum wenden und rühren von heißen Gerichten in der Pfanne.

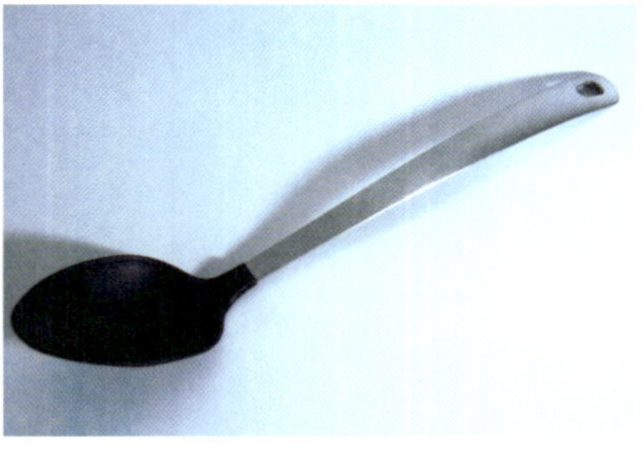

verschiedene Kochlöffel

Siebschöpfer. Schöpfkelle mit Löchern, damit die Flüssigkeit abtropfen kann.

REZEPTE
FÜR DIE METABOLE DIÄT

KAPITEL 6

Low Carb Rezepte
für die Metabole Diät

Salate

Vor nicht allzu langer Zeit galt Salat meist nur als vitaminreiches Beiwerk zum Hauptgang. Zarte Salatblätter wurden nicht selten in einer säuerlich, verwässerten Sauce ertränkt. Doch diese Zeiten sind vorbei. Salate sind zu einer wahren Bereicherung unserer Nahrung geworden. Ob als knackige Beilage, appetitanregende Vorspeise oder als leichtes Hauptgericht – Salate finden immer mehr Anhänger. Salatgerichte können pikant oder fruchtig sein und werden fast immer kalt serviert. Die Variationen der Zubereitung sind praktisch unendlich.

Das Geheimnis eines guten Salates liegt in seiner individuellen Sauce oder Marinade (Dressing). Legen Sie bei der Verwendung Ihrer Dressingzutaten Wert auf Qualität. Dressings und Salatsaucen sollten den Geschmack eines Salates nie überdecken sondern nur unterstreichen. Deshalb immer sparsam dosieren. Salat sollte nie im Dressing schwimmen! Frische Kräuter sorgen für die besondere Würze Ihres Salates. Setzten Sie sich beispielsweise Ihre eigene kleine Kräutersammlung in Blumentöpfen auf dem Balkon oder im Garten an. Sie werden überrascht sein, wie Sie Ihre Salate mit wenig Aufwand aufpeppen können.

Noch eine Anmerkung zum Schluss: Der Nährstoffgehalt, insbesondere der Kohlenhydratanteil von Blattsalaten, ist so gering, dass ich ihn bei der Nährstoffberechnung der folgenden Rezepte nicht mit einbezogen habe.

Feldsalat mit Forellenfilets

1 Portion
Zubereitungszeit: 15 Minuten
Schwierigkeitsgrad: einfach

Zutaten

200g geräuchertes Forellenfilet
100g Feldsalat
1/2 rote Zwiebel = 50g

Für das Dressing
25g Joghurt, 1,5% Fett
2 EL Zitronensaft
1 EL Dill, frisch gehackt
Kräutersalz
5g Meerrettich (Kren), frisch gerieben

Zubereitung

1 *Die Zwiebel in feine Ringe schneiden.*

2 *Den gewaschenen Feldsalat auf einem Teller anrichten.*

3 *Das Forellenfilet mit den Fingern in mundgerechte Stücke zupfen und zusammen mit den Zwiebelringen auf dem Salat verteilen.*

4 *Aus Joghurt, Zitronensaft, Dill und Kräutersalz eine Marinade bereiten und über den Salat träufeln.*

5 *Zum Schluss mit geriebenem Meerrettich bestreuen.*

Tipp: *Sehr gut schmeckt dazu auch Sahnemeerrettich aus dem Glas, der kohlenhydratarm (mit Süßstoff gesüßt) im Lebensmittelhandel erhältlich ist.*

Nährwerte

Energie	Kohlenhydrate	Eiweiss	Fett	MUF	BS	Kohlenhydratanteil
261 kcal	4g	39,8g	9,5g	0,1g	1,1g	6,1%

Thunfischsalat mit roter Bete und Pflaumen

1 Portion
Zubereitungszeit: 35 Minuten
Schwierigkeitsgrad: mittel

Zutaten

1 Dose Thunfisch natural (in Wasser) = 150g
2 Knollen rote Bete = 100g
1/2 Zwiebel = 50g
50g Endiviensalat
2 Dörrpflaumen = 10g
1 EL Olivenöl
Saft von 1/2 Limette
1 TL Süßstoff, flüssig
Pfeffer
Salz
Zimt
Cumin (Kreuzkümmel)

Zubereitung

1 *Die Zwiebel fein hacken. Die rote Bete schälen und in feine Scheiben schneiden.*

2 *Die Dörrpflaumen in kleine Würfel schneiden.*

3 *Das Öl in einem kleinen Kochtopf erhitzen, die gehackte Zwiebel darin glasig anbraten und die rote Bete dazu geben.*

4 *Mit Salz, Pfeffer, Cumin und Zimt würzen, den Limettensaft, Süßstoff und etwa 50ml Wasser dazu geben.*

5 *Bei schwacher Hitze zugedeckt 20 Minuten dünsten und kurz vor Ende der Kochzeit die würfelig geschnittenen Dörrpflaumen dazu geben. Anschließend abkühlen lassen!*

6 *Den Endiviensalat waschen, in mundgerechte Stücke zupfen und zusammen mit dem Thunfisch auf einem Salatteller verteilen. Die rote Bete noch einmal abschmecken und auf dem Salat anrichten.*

Nährwerte

ENERGIE	KOHLENHYDRATE	EIWEISS	FETT	MUF	BS	KOHLENHYDRATANTEIL
353 KCAL	14,5G	34,4G	17,5G	1,1G	3,9G	16,4%

Orangen-Fenchelsalat mit Hühnchenbruststreifen

1-2 Portionen
Zubereitungszeit: 30 Minuten
Schwierigkeitsgrad: mittel

Zutaten

250g Hühnerbrustfilet
1 EL Olivenöl
1/2 Orange = 70g
50g Chicorée
1/2 Fenchelknolle = 50g

Für das Dressing
40ml Orangensaft
10g rote Zwiebel
1/2 TL Süßstoff, flüssig
1 EL Weißweinessig
1 EL Walnussöl
1 EL Thymian, frisch gehackt
1 EL Minze, frisch gehackt
Salz
Pfeffer

Zubereitung

1 *Das Hühnerfleisch in feine Streifen schneiden und in einer Pfanne mit Olivenöl braten.*

2 *Die Fenchelknolle in sehr feine Scheiben schneiden und zusammen mit dem gewaschenen und in Stücke gezupften Chicorée auf einem Salatteller verteilen.*

3 *Die halbe Orange schälen, filetieren (Fruchtfleisch von der Schale lösen) und über dem Salat verteilen.*

4 *Die Zwiebel sehr fein hacken, mit allen Dressingzutaten in einem Shaker (Schüttelbecher) gut schütteln und danach über den Salat träufeln.*

5 *Zum Schluss das gebratene Hühnerfleisch darauf anrichten.*

Nährwerte

Energie	Kohlenhydrate	Eiweiss	Fett	MUF	BS	Kohlenhydratanteil
485 kcal	12,2g	62,7g	20,6g	10,4g	3,6g	10,1%

Riesengarnelenschwänze auf Mozzarella, Tomaten und Ruccola

1-2 Portionen
Zubereitungszeit: 30 Minuten
Schwierigkeitsgrad: einfach

Zutaten

300g Riesengarnelenschwänze
1 TL Zitronensaft
50g Ruccola Salat
1 Tomate = 100g
100g Mozzarella Light, 10% Fett i.Tr.

Für das Dressing
30g Joghurt, 0,5% Fett
1 Knoblauchzehe
1 TL Estragon
1 EL Balsamico
1 EL Olivenöl

Zubereitung

1 *Die Riesengarnelenschwänze mit Zitronensaft beträufeln, auf Alufolie legen und im Backrohr bei Grillfunktion 20 Minuten grillen. Dabei die Alufolie einschlagen und kurz vor Ende der Grillzeit öffnen, damit die Garnelen etwas braun werden.*

2 *Während die Garnelenschwänze im Backofen garen, den gewaschenen Ruccola auf einem Teller anrichten.*

3 *Die Tomate und den Mozzarella in feine Würfel schneiden und auf dem Ruccola verteilen.*

4 *Die Knoblauchzehe zerpressen und mit den übrigen Dressingzutaten in einem Shaker (Schüttelbecher) gut schütteln.*

5 *Die fertig gegrillten Garnelenschwänze auf dem Salat verteilen und mit dem Dressing übergießen.*

Nährwerte

Energie	Kohlenhydrate	Eiweiss	Fett	MUF	BS	Kohlenhydratanteil
556 kcal	4,6g	77,9g	25,1g	1,9g	1g	3,3%

Rinderfiletstreifen auf Feldsalat mit roter Bete

1-2 Portionen
Zubereitungszeit: 30 Minuten
Schwierigkeitsgrad: einfach

Zutaten

250g Rinderfilet
1 EL Olivenöl
1 Knoblauchzehe
100g Feldsalat
100g rote Bete, gekocht

Für das Dressing
1 EL Senf
1 EL Balsamico
1 EL Weizenkeimöl
1 EL Estragon, gehackt
1 TL Kümmel
Kräutersalz
25ml Wasser

Zubereitung

1 *Den gewaschenen Feldsalat auf einem Teller anrichten.*

2 *Die rote Bete in feine Scheiben schneiden und unter den Feldsalat mischen.*

3 *Das Rinderfilet in feine Streifen schneiden, die Knoblauchzehe zerpressen und das Fleisch damit einreiben.*

4 *Olivenöl in einer Bratpfanne erhitzen und die Filetstreifen etwa 5 Minuten scharf anbraten.*

5 *Währenddessen die Dressingzutaten in einen Shaker (Schüttelbecher) geben, gut schütteln und über den Salat gießen. Zum Schluss die Filetstreifen darauf anrichten.*

Tipp: *Rote Bete gibt es im gut sortierten Lebensmittelhandel schon vorgekocht und in Folie abgepackt.*

Nährwerte

Energie	Kohlenhydrate	Eiweiss	Fett	MUF	BS	Kohlenhydratanteil
492 kcal	5,6g	54,2g	28,1g	7,6g	2g	4,6%

Chinasalat mit Geflügel und Sesam

1-2 Portionen
Zubereitungszeit: 35 Minuten
Schwierigkeitsgrad: mittel

Zutaten

100g Entenbrustfilet
100g Hühnerbrustfilet
1 EL Erdnussöl
50g Radicchio
125g frische Bohnensprossen
1/2 grüne Paprikaschote = 50g
150g Staudensellerie
1/4 Granny-Smith Apfel = 25g
2 EL geröstete Sesamsaat

Für das Dressing
3 EL Limettensaft
1 EL Koriander, frisch gehackt
1/2 TL mildes Chilipulver
1/2 TL Süßstoff, flüssig

Zubereitung

1 *Den Radicchio in mundgerechte Stückchen zupfen. Den Staudensellerie in 2cm lange Stücke, die Paprikaschote streifig und den Apfel in feine Scheiben schneiden. Alles auf einem Salatteller oder besser in einer Salatschüssel mit den Bohnensprossen vermischen.*

2 *Das Geflügelfleisch (Ente und Huhn) in Streifen schneiden, in einer Pfanne Öl erhitzen und das Fleisch darin von allen Seiten anbraten. Das Entenbrustfleisch darf innen noch leicht rosa sein.*

3 *Die Dressingzutaten in einem Becher oder Shaker vermengen und über den Salat gießen, die gebratenen Fleischstücke darunter mischen und zum Schluss mit Sesamsamen garnieren.*

Tipp: *Um zu verhindern, dass die Apfelstückchen braun werden, können Sie diese mit etwas Zitronensaft beträufeln.*

Nährwerte

Energie	Kohlenhydrate	Eiweiss	Fett	MUF	BS	Kohlenhydratanteil
591 kcal	12,8g	54,5g	35,7g	7,9g	11,3g	8,7%

Chicorée Salat mit Flusskrebsen und Minze

1 Portion
Zubereitungszeit: 15 Minuten
Schwierigkeitsgrad: mittel

Zutaten

200g Flusskrebse aus der Dose, ohne Öl
100g Chicoréesalat
50g Feldsalat
1/4 Avocado = 50g
1/2 rosa Grapefruit = 50g
1 EL Minze, frisch gehackt

Für das Dressing
1 TL Zitronensaft
30g Joghurt, 0,5% Fett
1/2 TL Dijon Senf
1/2 TL Süßstoff, flüssig
Kräutersalz

Zubereitung

1 *Die Dressingzutaten in einen Shaker füllen, gut schütteln und in eine kleine Schüssel gießen.*

2 *Die Avocado schälen, in Scheiben schneiden und in die Schüssel mit dem Dressing geben.*

3 *Den Chicorée und den Feldsalat auf einem Salatteller anrichten.*

4 *Die Grapefruit schälen und mit einem kleinen Messer filetieren. Zusammen mit den Flusskrebsen auf dem Chicorée-Salat verteilen*

5 *Das Dressing mit den Avocadoscheiben über dem Salat verteilen und diesen zum Schluss mit gehackter Minze bestreuen.*

Nährwerte

ENERGIE	KOHLENHYDRATE	EIWEISS	FETT	MUF	BS	KOHLENHYDRATANTEIL
321 KCAL	5,2G	38,3G	15,3G	1,1G	4G	6,7%

Die Gerichte auf den folgenden Seiten lassen sich sehr gut in größeren Mengen vorkochen, portionsweise einfrieren und schnell wieder auftauen, falls einmal keine Zeit zum Kochen ist.

Eine leckere Suppe zuzubereiten ist im Grunde genommen sehr einfach und benötigt wenig Zeit. Sehr wichtig dabei sind frische Kräuter. Experimentieren Sie selbst und geben Sie den Suppen Ihre ganz persönliche Note.

SUPPEN & EINTÖPFE

Hühnersuppe

2 Portionen
Zubereitungszeit: 30 Minuten
Schwierigkeitsgrad: einfach

Zutaten

400g Hühnerbrustfilet
1 Zwiebel = 100g
1/4 Kohlrabi = 50g
2 Möhren = 100g
1/2 Zucchini = 100g
100g Weißkohl
12g Butter
1 EL Petersiliengrün, gehackt
1 EL Schnittlauch, gehackt
1 1/2 Liter Wasser
Salz
Pfeffer
Muskatnuss

Zubereitung

1 *Den Weißkohl in feine Streifen, das restliche Gemüse in etwa 1cm große Würfel schneiden.*

2 *Die Butter in einem Suppentopf zerlaufen lassen und das Gemüse darin leicht anbräunen.*

3 *Währenddessen auch das Hühnerbrustfleisch in Würfel schneiden und danach zum Gemüse in den Topf geben.*

4 *Alles gut verrühren. Das Petersiliengrün und den Schnittlauch dazu geben, mit Salz, Pfeffer und Muskatnuss würzen und anschließend mit einem Liter Wasser aufgießen.*

5 *Zugedeckt auf kleiner Flamme 20 Minuten köcheln lassen. Vor dem Servieren abschmecken und bei Bedarf noch einmal nachwürzen.*

Nährwerte

Energie	Kohlenhydrate	Eiweiss	Fett	MUF	BS	Kohlenhydratanteil
628 kcal	18,4g	102,8g	15,9g	1,5g	10g	11,7%

Chili-Eintopf

2 Portionen
Zubereitungszeit: 30 Minuten
Schwierigkeitsgrad: einfach

Zutaten

500g Rindergehacktes, mager
1/2 Zwiebel = 50g
1/2 grüne Paprikaschote = 50g
20g Mais
1 Tomate = 100g
1/2 Chilischote, scharf
1 TL Tabascosauce
1 Knoblauchzehe
1 EL Tomatenmark
1 EL Rapsöl
200ml Wasser
Paprikagewürz
Salz

Zubereitung

1 *Die Zwiebel fein hacken und in einem Topf mit Rapsöl anbraten.*

2 *Das Hackfleisch dazu geben und unter ständigem Rühren durchrösten.*

3 *Die Tomate in feine Würfel schneiden, die Knoblauchzehe in einer Presse zerpressen, die Paprikaschote in Streifen schneiden und die Chilischote sehr fein hacken.*

4 *Alle Zutaten zum Hackfleisch in den Topf geben und mit Paprikagewürz, Tabascosauce, Tomatenmark und Salz würzen. Mit etwa 250ml Wasser aufgießen.*

5 *Den Eintopf 15 Minuten zugedeckt bei mäßiger Hitze köcheln lassen und heiß servieren.*

Nährwerte

Energie	Kohlenhydrate	Eiweiss	Fett	MUF	BS	Kohlenhydratanteil
693 kcal	12,8g	110,2g	22,3g	4,5g	5,3g	7,4%

Ungarische Gulaschsuppe

2 Portionen
Zubereitungszeit: 40 Minuten
Schwierigkeitsgrad: einfach

Zutaten

400g mageres Rindfleisch
1 Zwiebel = 100g
1 EL Olivenöl
1/2 grüne Paprikaschote = 50g
1/2 rote Paprikaschote = 50g
1 1/2 Liter Wasser
1 EL Tomatenmark
1 EL Paprikapulver
1 TL Kümmel
Pfeffer
Salz

Zubereitung

1 *Die Zwiebel fein hacken, die Paprikaschoten würfelig schneiden, das Öl in einem Suppentopf erhitzen und die gehackte Zwiebel darin anrösten.*

2 *Das Fleisch in 1cm große Würfel schneiden, zu der gebräunten Zwiebel in den Topf geben und unter Rühren von allen Seiten anbraten.*

3 *Die Paprikawürfel und alle übrigen Gewürze dazu geben, rasch verrühren und mit 1 1/2 Liter Wasser aufgießen.*

4 *Zugedeckt so lange kochen lassen bis das Fleisch weich ist (etwa 35 Minuten).*

Tipp: *Die Paprikaschoten nur kurz mitrösten da die Suppe sonst bitter schmeckt.*

Nährwerte

Energie	Kohlenhydrate	Eiweiss	Fett	MUF	BS	Kohlenhydratanteil
577 kcal	10,5g	88,3g	20,2g	1,8g	5,4g	7,3%

Hühnercurry mit Kürbis in Kokosmilch

2 Portionen
Zubereitungszeit: 35 Minuten
Schwierigkeitsgrad: mittel

Zutaten

400g Hühnerbrustfilet
200g Kürbis
200ml Kokosmilch
1 EL Erdnussöl
2 EL Currygewürz
1/2 rote Chilischote
3/4 Liter Wasser
Kräutersalz
1 EL Schnittlauch, gehackt

Zubereitung

1 *Das Hühnerbrustfleisch in 2cm große Würfel schneiden, Öl in einer Pfanne erhitzen und das Fleisch darin goldbraun braten. Mit dem Curry würzen und zugedeckt zur Seite stellen.*

2 *Den Kürbis schälen und würfelig schneiden, in einem Topf mit der Kokosmilch und 3/4 Liter Wasser etwa 15 Minuten weich kochen.*

3 *Das Hühnerfleisch dazu geben, noch einmal 10 Minuten zugedeckt köcheln lassen.*

4 *Die Chilischote in sehr feine Ringe schneiden und zusammen mit dem Schnittlauch über den fertigen Eintopf streuen.*

Nährwerte

Energie	Kohlenhydrate	Eiweiss	Fett	MUF	BS	Kohlenhydratanteil
597 kcal	13,2g	99g	16,5g	3,7g	4,4g	8,8%

Kohlrabisuppe mit Lachs

2 Portionen
Zubereitungszeit: 35 Minuten
Schwierigkeitsgrad: einfach

Zutaten

- 300g Lachsfilet
- 1 Kohlrabi = 200g
- 1/4 Zwiebel = 25g
- 1 Knoblauchzehe
- 1 EL Olivenöl
- 1 Suppenwürfel
- 1 Liter Wasser
- 1/4 TL Muskatnuss, gerieben
- 1 TL Petersilie, frisch gehackt
- 1 TL Dill, frisch gehackt

Zubereitung

1 Den Lachs in einem Topf mit Olivenöl von beiden Seiten etwa 8 Minuten garen. In mundgerechte Stückchen zerteilen, aus dem Topf nehmen und zugedeckt zur Seite stellen.

2 Die Zwiebel und den Knoblauch fein hacken, den Kohlrabi in 1cm große Würfel schneiden.

3 Das Gemüse in dem zuvor verwendeten Kochtopf unter Rühren anrösten.

4 Mit Muskatnuss und Suppenwürfel würzen und mit 1 Liter Wasser aufgießen. Zugedeckt etwa 25 Minuten köcheln lassen.

5 Wenn die Kohlrabistücke weich sind, den Lachs dazu geben und zum Schluss mit den gehackten Kräutern bestreuen.

Nährwerte

Energie	Kohlenhydrate	Eiweiss	Fett	MUF	BS	Kohlenhydratanteil
771 kcal	9,4g	64,1g	53g	9,1g	3,3g	4,9%

Rindsuppe

2 Portionen
Zubereitungszeit: 40 Minuten
Schwierigkeitsgrad: einfach

Zutaten

- 400g Rinderfilet
- 100g junges Sommergemüse (IGLO Tiefkühlkost)
- 1 kleiner Rinderknochen
- 1 TL Schnittlauch, frisch gehackt
- 1 TL Petersiliengrün, frisch gehackt
- 1 1/2 Liter Wasser
- Pfeffer
- Salz

Zubereitung

1 *Das Rindfleisch in 1cm große Würfel schneiden.*

2 *Das Fleisch, den Rinderknochen, das Gemüse, die Kräuter und eine Prise Pfeffer in einen Suppentopf geben und mit 1 1/2 Liter kaltem Wasser aufgießen.*

3 *Den Topf zugedeckt erhitzen bis das Wasser Blasen wirft. Anschließend auf kleiner Flamme etwa 35 Minuten köcheln lassen.*

4 *Nach Ende der Garzeit den Knochen entfernen und nach Bedarf mit Salz abschmecken.*

Tipp: *Um die richtige Kochzeit festzustellen, entnehmen Sie einfach ein Stück Fleisch und prüfen Sie ob es weich genug ist.*

Nährwerte

Energie	Kohlenhydrate	Eiweiss	Fett	MUF	BS	Kohlenhydratanteil
557 kcal	11,7g	88,1g	17,5g	0g	1,1g	8,4%

Sauer-scharfe Pilzsuppe

2 Portionen
Zubereitungszeit: 40 Minuten
Schwierigkeitsgrad: mittel

Zutaten

400g Hühnerbrustfilet
1 Liter Wasser
50g Champignons
25g getrocknete Shiitake-Pilze
1 Möhre = 50g
100g Frühlingszwiebel
10g frischer Ingwer
1 EL Kerbel, frisch gehackt
1/2 rote Chilischote
1 EL Sesamöl
1 EL Essig
1 EL Sojasauce
Pfeffer aus der Mühle
Salz

Zubereitung

1 *Die Shiitake-Pilze in eine Schüssel geben und diese mit warmem Wasser auffüllen bis alle Pilze bedeckt sind. Mindestens 15 Minuten stehen lassen.*

2 *Die Möhre und die Frühlingszwiebel in feine Scheiben bzw. Streifen schneiden. Ingwer und Chilischote klein würfelig schneiden.*

3 *Das Hühnerfleisch in Streifen schneiden.*

4 *Die Shiitake-Pilze abgießen, dabei das Wasser auffangen und aufbewahren. Die Pilze klein schneiden, ebenso die Champignons.*

5 *Sesamöl in einem Topf erhitzen und das Hühnerfleisch darin anbraten, Möhren, Frühlingszwiebel, Ingwer und Chilischote dazu geben und unter Rühren etwa 3 Minuten anrösten. Danach mit einem Esslöffel Essig übergießen.*

6 *Das Pilzwasser mit Wasser zu insgesamt einem Liter Flüssigkeit auffüllen und damit aufgießen. Die Pilze und die Sojasauce dazu geben. Alles zusammen etwa 20 Minuten zugedeckt köcheln lassen.*

7 *Die Suppe mit Pfeffer aus der Mühle und Salz abschmecken. Zum Schluss mit gehacktem Kerbel bestreuen.*

Tipp: *Getrocknete Shiitake-Pilze bekommt man inzwischen fast in jedem Supermarkt oder im Asia Shop. Die Suppe kann auch mit Champignons zubereitet werden.*

Nährwerte

Energie	Kohlenhydrate	Eiweiss	Fett	MUF	BS	Kohlenhydratanteil
571 kcal	6,5g	103,1g	14,7g	1g	5,2g	4,6%

Ratatouille mit Hackfleischbällchen

2 Portionen
Zubereitungszeit: 40 Minuten
Schwierigkeitsgrad: mittel

Zutaten

400g Rindergehacktes, mager
1 EL Olivenöl + 1 ganzes Ei
1 Knoblauchzehe
Salz + Pfeffer + Paprikagewürz

Für das Ratatouille
1/2 rote + 1/2 gelbe Paprikaschote
1/2 Aubergine + 1/2 Zucchini
1 EL Thymian, frisch gehackt
200g Tomaten, passiert
1 Zwiebel
1 TL Süßstoff, flüssig
1 TL Olivenöl
1 Suppenwürfel
Kräutersalz
Pfeffer

Zubereitung

1 *Die Zwiebel schälen und in Scheiben schneiden, die Paprikaschoten entkernen und in Streifen schneiden. Die Aubergine und die Zucchini längs vierteln und quer in Scheiben schneiden.*

2 *Das Öl in einem Topf erhitzen und zuerst die Zwiebel, dann die Zucchini und die Aubergine und zum Schluss die Paprikaschoten dazu geben.*

3 *Unter Rühren anrösten. Mit Salz, Pfeffer und Süßstoff würzen, den Suppenwürfel zwischen den Fingern zerbröseln und ebenfalls dazu geben. Anschließend mit den passierten Tomaten aufgießen, die Kräuter darüber streuen und zugedeckt bei geringer Hitze 20 Minuten köcheln lassen. Eventuell noch etwas Wasser dazu gießen.*

4 *Währenddessen für die Hackfleischbällchen die Knoblauchzehe zerpressen und mit dem Hackfleisch, dem Ei und den Gewürzen vermengen. Das Hackfleisch mit den Händen in kleine Bällchen (etwa 3cm Durchmesser) formen.*

5 *Die Hackfleischbällchen in einer Pfanne mit Öl knusprig braten (regelmäßig wenden!) und anschließend dem Ratatouille zugeben. Warm servieren.*

Nährwerte

Energie	Kohlenhydrate	Eiweiss	Fett	MUF	BS	Kohlenhydratanteil
751 kcal	22,3g	100,2g	29g	3,2g	22,9g	11,9%

Norwegischer Lammeintopf

2 Portionen
Zubereitungszeit: 40 Minuten
Schwierigkeitsgrad: mittel

Zutaten

400g mageres Lammfleisch
Wasser
1/2 Zwiebel = 50g
1/2 Fenchelknolle = 50g
100g kleine Champignons
2 frische Dillzweige
1 Lorbeerblatt
4 grüne Pfefferkörner
100ml Milch, 0,3% Fett
150g Joghurt, 1,5% Fett
1 TL Senf
1 EL Dill, frisch gehackt

Zubereitung

1 *Das Lammfleisch in 2cm große Würfel schneiden. In einen Topf geben, mit kaltem Wasser gut bedecken und zugedeckt aufkochen lassen.*

2 *In der Zwischenzeit die Zwiebel in Spalten und den Fenchel in dünne Streifen schneiden. Beides dem kochenden Fleisch beigeben, ebenso die Champignons, die Dillzweige, die Pfefferkörner und das Lorbeerblatt. Etwas salzen, wenn nötig noch Wasser dazu gießen (die Zutaten müssen bedeckt sein) und mindestens 30 Minuten zugedeckt kochen lassen, bis das Fleisch sehr zart ist.*

3 *Durch ein Sieb abseihen, die Kochflüssigkeit in einem Topf auffangen. Das Fleisch mit dem Gemüse in eine Servierschüssel füllen, zudecken und warm stellen.*

4 *Joghurt, Senf, Magermilch und Dill in einem Shaker kurz schütteln, dem Kochsud dazu gießen und noch einmal aufkochen. Anschließend über das Fleisch gießen und heiß servieren.*

Nährwerte

Energie	Kohlenhydrate	Eiweiss	Fett	MUF	BS	Kohlenhydratanteil
601 kcal	15,6g	97,8g	16,4g	0,6g	5,7g	10,4%

Die Gerichte auf den folgenden Seiten sind ideal für den kleinen Hunger zwischendurch und eine gute Alternative zu ungesunden Kartoffelchips oder anderen Knabbereien an gemütlichen Fernsehabenden. Aber auch wenn Sie spontan Gäste eingeladen haben, können Sie diese Snacks und Kaltgerichte meist ohne viel Aufwand zubereiten.

Wenn Sie jemanden mit einem tollen Menü überraschen möchten, dann eignen sich diese Snacks und Kaltgerichte ideal als Vorspeise. Nahezu alle Speisen lassen sich schnell und einfach zubereiten und können auch mal eine Hauptmahlzeit ersetzen, wenn der Hunger nicht allzu groß ist.

Vorspeisen, Snacks & Kaltgerichte

Salatpäckchen mit Thunfischfüllung

1 Portion
Zubereitungszeit: 10 Minuten
Schwierigkeitsgrad: mittel

Zutaten

4 große Salatblätter
1 Dose Thunfisch natural (in Wasser) = 150g
100g körniger Frischkäse, 10% Fett i.Tr.
40g Bohnensprossen
10g frische Ingwerwurzel
1 TL Zitronensaft
1 TL Zitronengras, frisch gehackt
Chilipulver

Zubereitung

1 *Die Ingwerwurzel mit einer Reibe fein zerreiben.*

2 *Den Thunfisch abtropfen lassen, mit einer Gabel zerdrücken und in einer Schüssel mit dem Frischkäse, dem Zitronensaft, der geriebenen Ingwerwurzel, dem Zitronengras und dem Chilipulver gut vermengen.*

3 *Die gewaschenen Salatblätter auf einen großen Teller oder ein Brotschneidebrett legen und jeweils auf den unteren Rand in der Mitte eines Blattes die Thunfischpaste verteilen. Dann einige Bohnensprossen darüber streuen.*

4 *Nun die Salatblätter einrollen, dabei zuerst die Seitenteile einschlagen. Falls notwendig, mit einem Zahnstocher fixieren.*

Tipp: *Zum Dippen eignet sich hervorragend Sojasauce.*

Nährwerte

Energie	Kohlenhydrate	Eiweiss	Fett	MUF	BS	Kohlenhydratanteil
268 kcal	4g	46,4g	7,4g	0,1g	0,8g	6%

Gemüseröllchen

1 Portion
Zubereitungszeit: 5 Minuten
Schwierigkeitsgrad: einfach

Zutaten

4-6 Scheiben gekochter Schinken, mager, ohne Fettrand = 200g
1/4 Kohlrabi = 50g
1/4 Zucchini = 50g
2 Möhren = 100g

Zubereitung

1 *Das Gemüse längs in Stifte schneiden und mit den Schinkenblättern umwickeln.*

2 *Auf einem Teller anrichten und genießen.*

Tipp: *Anstelle von gekochtem Schinken können Sie auch Rächerlachs verwenden. Versuchen Sie dazu verschiedene Dipps (siehe »Saucen & Dipps«).*

Nährwerte

Energie	Kohlenhydrate	Eiweiss	Fett	MUF	BS	Kohlenhydratanteil
337 kcal	7,8g	62,3g	6,3g	0,8g	4,4g	9,3%

Carpaccio auf Senfrahm mit Pilzen

1-2 Portionen
Zubereitungszeit: 35 Minuten
Schwierigkeitsgrad: aufwendig

Zutaten

200g Rinderfilet
200g kleine Champignons
50g Ruccola Salat
20g Parmesan, frisch gehobelt
25g Sauerrahm, 10% Fett
2 EL Dijon-Senf
1 EL Petersilie, gehackt
1 TL Olivenöl
1 TL Weißweinessig
Cayennepfeffer
Salz

Zubereitung

1 *Die Champignons grob in Stücke schneiden.*

2 *Das Rinderfilet mit einem scharfen Messer in möglichst dünne Scheiben schneiden und zwischen Klarsichtfolie mit einem Fleischklopfer gleichmäßig dünn klopfen. Die Filetscheiben sollten hauchdünn sein.*

3 *Für den Senfrahm den Sauerrahm, den Dijon-Senf, den Weißweinessig und den Cayennepfeffer verrühren und anschließend mit einem Löffel dünn auf einem großen Teller verstreichen.*

4 *Die Filetscheiben nebeneinander auf die Sauce legen, die Pilze darauf verteilen und mit Ruccola Salat, Parmesan und Petersilie garnieren.*

5 *Das Carpaccio mit etwas Olivenöl beträufeln – klappt am besten mit einem Ölzerstäuber.*

Tipp: *Mit einer Brotschneidemaschine gelingen die Filetscheiben besonders dünn und gleichmäßig. Dazu das Fleisch vorher 2-3 Stunden anfrieren lassen und dann mit der Maschine hauchdünn schneiden. Diese Filetscheiben braucht man nicht mehr flachklopfen.*

Nährwerte

ENERGIE	KOHLENHYDRATE	EIWEISS	FETT	MUF	BS	KOHLENHYDRATANTEIL
440 KCAL	2,1G	58,5G	21,9G	4,7G	0G	1,9%

Melone mit Schinken

1 Portion
Zubereitungszeit: 8 Minuten
Schwierigkeitsgrad: einfach

Zutaten

100g Honigmelone
100g Zuckermelone
200g Prosciutto Cotto (Italienischer Kochschinken), in Scheiben geschnitten

Zubereitung

1 *Die Melone in etwa 1,5cm große Würfel schneiden.*

2 *Die Schinkenscheiben in 1cm breite Streifen schneiden und zusammenrollen.*

3 *Je eine Schinkenrolle und ein Stück Melone auf Cocktailspießchen stecken und als Snack genießen.*

Tipp: *Natürlich kann auch beliebiger anderer Schinken verwendet werden.*

Nährwerte

Energie	Kohlenhydrate	Eiweiss	Fett	MUF	BS	Kohlenhydratanteil
346 kcal	13,1g	46g	12,2g	0g	2g	15,1%

Thunfisch-Tomaten mit Basilikum

1 Portion
Zubereitungszeit: 10 Minuten
Schwierigkeitsgrad: mittel

Zutaten

2 Tomaten = 200g
1 Dose Thunfisch natural (in Wasser) = 150g
10g Kapern
1/4 Zwiebel = 25g
10g Sauerrahm, 10% Fett
2 EL Zitronensaft
8 Basilikumblätter

Zubereitung

1 *Die Kapern und die Zwiebel sehr fein schneiden.*

2 *Den Thunfisch abtropfen lassen und danach mit Kapern, Zwiebel, Sauerrahm, Zitronensaft und Pfeffer in einer Schüssel, am besten mit einer Gabel vermengen.*

3 *Von den Tomaten die Kappen abschneiden und aushöhlen.*

4 *Die Thunfischmasse in die ausgehöhlten Tomaten füllen, die Kappen wieder darauf setzen und mit Basilikumblättern garnieren.*

Tipp: *Die Basilikumblätter können auch kleingehackt unter die Thunfischmasse gemischt werden.*

Nährwerte

Energie	Kohlenhydrate	Eiweiss	Fett	MUF	BS	Kohlenhydratanteil
219 kcal	7,3g	34,4g	5,8g	0,3g	2,5g	13,3%

Flusskrebs mit Avocado

1-2 Portionen
Zubereitungszeit: 15 Minuten
Schwierigkeitsgrad: einfach

Zutaten

200g Flusskrebsfleisch
1/2 Avocado = 100g
1/4 Zwiebel = 25g
1 Knoblauchzehe
2 EL Zitronensaft
1 EL Kerbel, frisch gehackt
10g Sauerrahm, 10% Fett
Salz
Pfeffer

Zubereitung

1 *Die Avocado halbieren, entkernen und in zirka 1cm große Stücke schneiden. 50ml Wasser mit dem Zitronensaft und dem Sauerrahm in eine Schüssel füllen, verrühren und die Avocadostücke darin einlegen.*

2 *Die Zwiebel sehr fein hacken, die Knoblauchzehe in einer Presse zerpressen und beides zu den Avocados in die Schüssel geben.*

3 *Das Flusskrebsfleisch mit einem kleinen Löffel vorsichtig beimengen und mit Süßstoff, Salz, Pfeffer und Kerbel abschmecken.*

Tipp: *Das eiweißreiche Flusskrebsfleisch gibt es sehr preisgünstig bei Aldi (Hofer) zu kaufen.*

Nährwerte

Energie	Kohlenhydrate	Eiweiss	Fett	MUF	BS	Kohlenhydratanteil
396 kcal	2,6g	36,6g	26,6g	2,1g	3,6g	2,6%

Schinkenmousse auf Sommersalat

2 Portionen
Zubereitungszeit: 15 Minuten (ohne Kühlzeit)
Schwierigkeitsgrad: aufwendig

Zutaten

300g gekochter Schinken, mager, ohne Fettrand
100g Frischkäsezubereitung, 20% Fett i.Tr.
3 Schalotten (Edelzwiebel) = 50g
2 Blatt Gelatine
Pfeffer
Muskatnuss, gerieben
Verschiedene Blattsalate
1 EL Kürbiskernöl
1 EL Apfelessig
1 EL Schnittlauch, frisch, gehackt
1 EL Salatkräutermischung

Zubereitung

1 *Den Schinken klein schneiden und in einer Küchenmaschine faschieren (zerhacken).*

2 *Die Gelatineblätter in kaltem Wasser einweichen, ausdrücken und anschließend in einem Topf erhitzen. Nicht kochen!*

3 *Den Frischkäse und die Schinkenmasse mit der lauwarmen Gelatine in einer Schüssel vermengen und mit Pfeffer und Muskatnuss würzen.*

4 *Im Kühlschrank zugedeckt mindestens 2 Stunden kalt stellen.*

5 *Eine Salatmarinade aus Apfelessig, 2 EL Wasser und Kürbiskernöl zubereiten.*

6 *Die Schalotten in feine Ringe schneiden. Die Blattsalate auf zwei großen Tellern anrichten, mit den Schalottenringen bestreuen und mit der Marinade beträufeln.*

7 *Zwei Esslöffel in heißes Wasser tauchen und damit Nockerl aus dem Schinkenmousse ausstechen. Diese auf den Salat setzten und anschließend mit frischem Schnittlauch bestreuen.*

Tipp: *Schinkenmousse schmeckt auch sehr lecker als Brotaufstrich, z.B. auf getoastetem Vollkornbrot.*

Nährwerte

Energie	Kohlenhydrate	Eiweiss	Fett	MUF	BS	Kohlenhydratanteil
689 kcal	5,8g	102,9g	28,3g	7,2g	0,9g	3,4%

Hähnchenbrustspieße mit Mozzarella und Basilikum

1-2 Portionen
Zubereitungszeit: 20 Minuten
Schwierigkeitsgrad: einfach

Zutaten

200g Hühnerbrustfilet
100g Mozzarella Light, 10% Fett i.Tr.
10 Basilikumblätter
Kräutersalz

Zubereitung

1 *Das Hühnerfleisch in etwa 2cm große Würfel schneiden, mit Kräutersalz würzen.*

2 *Eine Pfanne mit Öl ausstreichen und die Fleischstückchen darin unter ständigem Rühren 10 Minuten anbraten.*

3 *Das Fleisch aus der Pfanne nehmen und abkühlen lassen.*

4 *Den Mozzarella ebenfalls würfeln und abwechselnd mit Basilikumblättern und den Fleischstückchen auf 3 kleine Holzspieße stecken.*

Tipp: *Die Spieße eignen sich zum Mitnehmen für unterwegs. Ideal auch mit einer Dippsauce (siehe »Saucen & Dipps«) als Snack beim Fernsehen.*

Nährwerte

Energie	Kohlenhydrate	Eiweiss	Fett	MUF	BS	Kohlenhydratanteil
388 kcal	0g	68,2g	12,8g	0,2g	0g	0%

Roastbeef mit Spargel

1-2 Portionen
Zubereitungszeit: 5 Minuten
Schwierigkeitsgrad: einfach

Zutaten

200g Roastbeef, in Scheiben geschnitten

200g Spargel aus dem Glas

Zubereitung

1 *Je eine Stange Spargel in eine Roastbeefscheibe einwickeln.*

2 *Auf einem Teller anrichten und genießen.*

Nährwerte

Energie	Kohlenhydrate	Eiweiss	Fett	MUF	BS	Kohlenhydratanteil
285 kcal	2g	48,6g	9,2g	1,6g	5,2g	2,8%

Das Hühnerei gehört zu den hochwertigsten natürlichen Eiweiß-Lieferanten und zeichnet sich besonders durch seine hohe biologische Wertigkeit (BW) aus. Die biologische Wertigkeit gibt an, wie effektiv ein Nahrungsprotein in körpereigenes Eiweiß umgesetzt werden kann. Mit einer biologischen Wertigkeit von 100 hat Volleiprotein eine sehr hohe Proteinqualität, die nur noch von Laktalbumin (Wheyprotein = BW 104) übertroffen wird. Nachfolgend habe ich einige Tipps rund ums Ei für Sie zusammengestellt:

EIERSPEISEN

Wie frisch ist ein Ei?

Achten Sie schon beim Einkauf auf die Frische der Eier. Wenn das Legedatum aufgedruckt ist, ist dies einfach. Ansonsten wird ein Mindesthaltbarkeitsdatum angegeben. Rechnen Sie von diesem Datum 28 Tage zurück, so erhalten Sie das Legedatum. Eier die älter als 10 Tage sind, sollten nur noch gut durcherhitzt gegessen werden. Für Speisen, die nicht erhitzt werden, wie z.B. Tatar, sollten maximal 10 Tage alte Eier verwendet werden. Außerdem sollten Speisen, die aus rohen Eiern zubereitet sind, möglichst sofort verzehrt oder zumindest gut gekühlt gelagert werden. Wenn Sie sich nicht sicher sind, wie frisch ein Ei ist, dann können Sie dies auf einfache Art und Weise testen:

Schütteltest: Wenn Sie beim Schütteln ein Schwappen hören, ist die Luftkammer im Ei größer und das Eiweiß wässrig. Der Dotter purzelt also schon im Ei herum. Dies ist ein Zeichen, dass das Ei nicht mehr ganz frisch ist.

Salzwasser Test: Frische Eier sinken in Salzwasser (1 EL Salz in ein Glas Wasser) sofort zu Boden. Ein alterndes Ei hat schon eine größere Luftkammer und schwimmt. Je frischer das Ei desto kleiner die Luftkammer.

Lichttest: Frische rohe Eier sind lichtdurchlässig. Dazu müssen Sie das Ei mit einer Taschenlampe durchleuchten. Egal wie oft Sie das Ei drehen und wenden, der Dotter erscheint immer in zentraler Lage.

Aufschlagtest: Ist der Dotter von einem aufgeschlagenen Ei mit einem dicken Eiweißring umgeben, so dass er sich schön hochwölbt, dann ist das Ei frisch. Ist der Dotter hingegen flach und das Eiklar läuft wässrig auseinander, dann ist es schon etwas älter.

Eier richtig lagern

Lagern Sie Eier immer im Kühlschrank, denn bei Kühlschranktemperatur können sich Salmonellen nur langsam vermehren. (Mehr zum Thema Salmonellen finden Sie in Kapitel 3 »Schnell und einfach Kochen von A-Z«). Waschen Sie Eier nicht, denn das zerstört die Schutzschicht auf der Eischale. Rohe Eier können Sie 2 Wochen in einer dunklen Speisekammer oder 3-4 Wochen im Kühlschrank aufbewahren. Hart gekochte Eier können Sie 3 bis 4 Tage im Kühlschrank aufbewahren. Rohes Eigelb können Sie verschlossen, oder mit kaltem Wasser übergossen, zugedeckt 2-3 Tage im Kühlschrank aufbewahren. Rohes Eiweiß hält verschlossen im Kühlschrank bis zu 2 Wochen.

Ist das Ei gekocht oder roh?

Ein gekochtes Ei dreht sich schnell, ein rohes Ei dreht sich langsam. Um dies zu testen, müssen Sie einfach das Ei auf einer Tischplatte um die eigene Achse drehen lassen und darauf achten, ob es sich schnell oder langsam dreht.

Eier trennen

Für viele Rezepte benötigen Sie Eigelb und Eiweiß getrennt. Wählen Sie dazu ein festes Gefäß mit einem schmalen Rand, zum Beispiel eine Tasse oder ein Glas. Schlagen Sie das Ei vorsichtig auf den Rand. Dadurch sollte ein Riss und eine kleine eingedrückte Stelle im Ei entstehen. Halten Sie nun das Ei über den Behälter für das Eiweiß und drücken Sie mit beiden Daumennägeln vorsichtig in die eingedrückte Stelle. Brechen Sie das Ei vorsichtig auseinander. Idealerweise entstehen dadurch zwei gleich große Hälften. Dabei sollte schon ein Teil des Eiweißes in den Behälter fließen. Den Rest des

Eiweißes trennen Sie ab, indem Sie das Eigelb immer wieder von einer Hälfte in die andere gießen. Passen Sie auf, dass Sie dabei die dünne Haut um das Eigelb nicht verletzen.

Eier kochen

Zum Kochen sollten Sie immer zimmerwarme Eier verwenden. Wenn Sie Eier direkt aus dem Kühlschrank in das sprudelnde Wasser geben, platzen die Schalen schneller auf. Bringen Sie einen Topf mit Wasser zum Kochen. Das Wasser muss so hoch stehen, dass das Ei komplett bedeckt ist. Stechen Sie das Ei an der flacheren Seite mit einem Eierpick an. Wer keinen Eierpick hat, der kann auch eine Stecknadel oder ein kleines Messer verwenden, muss dabei aber sehr vorsichtig sein. Sobald das Wasser kocht, das Ei mit einem Esslöffel vorsichtig in den Topf legen. Durch das Loch in der Schale kann jetzt die im Ei enthaltene Luft entweichen und die Schale zerspringt nicht.

Für ein weiches Ei, das Ei drei Minuten kochen. Für ein wachsweiches Ei sollte die Kochzeit fünf Minuten betragen und ein hartes Ei sollte rund acht Minuten kochen. Nach dem Kochen das Ei mit einem Löffel wieder aus dem Wasser fischen und mit fließend kaltem Wasser abschrecken. Halten Sie das Ei solange unter das Wasser, bis sich die Schale kühl anfühlt. Durch das Abschrecken wird das Ei übrigens nicht kalt, da im Inneren immer noch genug Hitze ist, um das ganze Ei wieder aufzuwärmen. Bei einem abgeschreckten Ei löst sich die Schale aber deutlich besser vom Eiweiß.

So wird Eischnee besser steif

Eischnee wird beim Schlagen besser steif, wenn Sie eine Prise Salz hinzugeben oder etwas Zitronensaft hinein träufeln.

Pochierte Eier im Gurken-Kräuter-Bett

1 Portion
Zubereitungszeit: 30 Minuten
Schwierigkeitsgrad: mittel

Zutaten

3 ganze Eier
1 Spritzer Essig
1/2 Salatgurke = 200g
150g Joghurt, 1,5% Fett
1 EL Dill, frisch gehackt
1 EL Schnittlauch, frisch gehackt
Salz

Zubereitung

1 *2 Liter Wasser mit einem Spritzer Essig aufkochen, die Hitze reduzieren bis das Wasser keine Blasen mehr wirft. Die Eier nacheinander in einer Tasse aufschlagen und anschließend in das heiße Wasser gleiten lassen. Bei milder Hitze etwa 6 Minuten ziehen lassen und danach mit einem Siebschöpfer aus dem Wasser fischen. Diese Art Eier zuzubereiten nennt man »pochieren«.*

2 *Während die Eier im Wasser garen, die Gurke halbieren, die Kerne entfernen und mit einem Spargelschäler in feine Streifen schneiden. In ein Sieb geben, salzen, 10 Minuten ziehen lassen und anschließend ausdrücken.*

3 *Das Joghurt mit den Kräutern vermengen und die Gurke dazu mischen.*

4 *Die Gurken-Kräutersauce auf einem Teller anrichten, die pochierten Eier darauf betten und sogleich servieren.*

Tipp: *Damit sich das Eiweiß beim Pochieren um das Eigelb schmiegt und nicht zerläuft, sollten die Eier ganz frisch sein.*

Nährwerte

Energie	Kohlenhydrate	Eiweiss	Fett	MUF	BS	Kohlenhydratanteil
360 kcal	10,9g	28,5g	22,5g	3,2g	0g	12,1%

Schaumomelette mit chinesischen Pilzen

1 Portion
Zubereitungszeit: 20 Minuten
Schwierigkeitsgrad: mittel

Zutaten

1 ganzes Ei
4 Eiklar
1/2 Zwiebel = 50g
1 TL Distelöl
10g Sauerrahm, 10% Fett
6 EL Mineralwasser, prickelnd
1/2 TL Paprikapulver, edelsüß
20g chinesische Pilze, getrocknet
10g Butter
2 EL Schnittlauch, gehackt
Pfeffer
Salz

Zubereitung

1 *Die Pilze eine Stunde vor der Zubereitung in warmem Wasser einweichen.*

2 *Das Ei trennen, die insgesamt 5 Eiklar zu steifem Schnee schlagen.*

3 *Das Eigelb mit Sauerrahm, Paprikapulver und Mineralwasser mit einem Schneebesen cremig verrühren und danach den Eischnee vorsichtig mit einem Löffel unterheben.*

4 *Distelöl in einer Pfanne erhitzen und die Schaummasse eingießen. Bei schwacher Hitze, zugedeckt backen bis die Masse fest ist.*

5 *Für die Pilzfüllung die Zwiebel fein zerhacken, Butter in einer Pfanne erhitzen und die Zwiebel darin anbraten.*

6 *Die Pilze mit sauberen Händen ausdrücken, zu den Zwiebeln in die Pfanne geben und unter ständigem Rühren 5-6 Minuten rösten.*

7 *Das gebackene Omelette auf einem Teller anrichten. Eine Hälfte mit der Pilzmischung belegen und mit Pfeffer und Salz je nach Geschmack würzen.*

8 *Das Omelette zusammenklappen und großzügig mit gehacktem Schnittlauch bestreuen.*

Tipp: *Essen Sie dazu grünen Blattsalat.*

Nährwerte

Energie	Kohlenhydrate	Eiweiss	Fett	MUF	BS	Kohlenhydratanteil
320 kcal	3,3g	28,1g	21,6g	6,7g	10,2g	4,1%

Überbackener Spinatauflauf

1-2 Portionen
Zubereitungszeit: 20 Minuten (ohne Backzeit)
Schwierigkeitsgrad: einfach

Zutaten

- 5 ganze Eier
- 250g Spinat, Tgk.
- 2 Eiklar
- 10g Sauerrahm, 10% Fett
- 20g geriebener Goudakäse, 40% Fett i.Tr.
- Salz
- Muskatnuss

Zubereitung

1 *Vier Eier hart kochen (ca. 8 Minuten), abkühlen lassen, schälen und vierteln. Drei Dotter entfernen.*

2 *Den Spinat antauen lassen und in eine Auflaufform füllen. Die geviertelten Eier darauf setzten und mit Muskatnuss und Salz würzen.*

3 *Die 2 Eiklar mit einem Handmixer zu steifem Schnee schlagen.*

4 *Das restliche ganze Ei mit einem Schneebesen in einer Schüssel mit dem Sauerrahm und dem Käse verrühren und anschließend vorsichtig unter den Eischnee heben.*

5 *Die Masse über den Spinateiern in der Auflaufform verteilen und im Backrohr bei 170°C etwa 20 Minuten backen.*

Nährwerte

Energie	Kohlenhydrate	Eiweiss	Fett	MUF	BS	Kohlenhydratanteil
373 kcal	2,4g	44,3g	20,7g	3,3g	5,3g	2,6%

Schinken-Spargelomelette

1 Portion
Zubereitungszeit: 18 Minuten
Schwierigkeitsgrad: mittel

Zutaten

2 kleine Scheiben Wellness-Schinken = 30g
1 EL Olivenöl
3 Eiklar
2 ganze Eier
40g Spargel
Pfeffer aus der Mühle

Zubereitung

1 *Eine antihaftbeschichtete Pfanne mit Olivenöl ausstreichen, die Schinkenscheiben hineinlegen und erhitzen.*

2 *Eiklar und die ganzen Eier in einem Shaker schütteln und auf die Schinkenscheiben in die Pfanne gießen.*

3 *Den Spargel in feine Scheiben schneiden und über dem Ei verteilen, bei mäßiger Hitze etwa 8 Minuten braten.*

4 *Das fertig gebackene Omelette auf einem Teller anrichten und mit Pfeffer aus der Mühle bestreuen.*

Tipp: *Schmeckt mit grünem und mit weißem Spargel. Sie können alternativ auch Spargelspitzen aus dem Glas verwenden.*

Nährwerte

Energie	Kohlenhydrate	Eiweiss	Fett	MUF	BS	Kohlenhydratanteil
317 kcal	1,7g	32,3g	20,1g	3,2g	0,4g	2,2%

Curryeier in Karibik-Creme

1 Portion
Zubereitungszeit: 15 Minuten
Schwierigkeitsgrad: einfach

Zutaten

4 ganze Eier
200g Tomaten, passiert (Tetra Pak oder Dose)
100ml Kokosmilch
1/2 TL Curry
1 Msp. Ingwergewürz
1 Süßstoff Tablette
Salz
1/2 TL Koriander, gemahlen
Petersiliengrün zum Garnieren

Zubereitung

1 *Die Eier etwa 8 Minuten in heißem Wasser hart kochen.*

2 *Die Kokosmilch und die passierten Tomaten zusammen mit den Gewürzen und dem Süßstoff in einem Kochtopf erhitzen und einige Minuten zugedeckt leicht köcheln lassen.*

3 *Die Eier schälen, halbieren, 2 Dotter entsorgen, den Rest vorsichtig in die Creme legen.*

4 *Mit Petersiliengrün garnieren, heiß servieren.*

Nährwerte

ENERGIE	KOHLENHYDRATE	EIWEISS	FETT	MUF	BS	KOHLENHYDRATANTEIL
311 KCAL	8,3G	24,9G	19,8G	2,6G	0G	10,7%

Asiatisches Omelette

1 Portion
Zubereitungszeit: 15 Minuten
Schwierigkeitsgrad: mittel

Zutaten

1 ganzes Ei
4 Eiklar
50g Hühnerbrustfilet
50g Schrimps, frisch oder Tgk.
1 EL Sojaöl
1 EL Sesamsamen
1 TL Sojasauce
1 Spritzer scharfe Chilisauce
1 EL Schnittlauch, frisch gehackt

Zubereitung

1 *Das Hühnerfleisch in Streifen schneiden.*

2 *Das Ei zusammen mit dem Eiklar mit einer Gabel in einer Schüssel verquirlen, Hühnerfleisch und Schrimps dazu geben. Schnittlauch, Soja- und Chilisauce untermengen.*

3 *Eine antihaft-beschichtete Pfanne mit Sojaöl ausstreichen und die Omelette-masse eingießen. Bei mittlerer Hitze stock-en lassen und kurz vor Ende der Backzeit mit Sesamsamen bestreuen.*

4 *Auf einem Teller anrichten und heiß servieren.*

Tipp: *Heben Sie das Omelett während es brät mit einem Pfannenwender ab und zu an. Die Pfanne dabei leicht schräg halten, damit das noch flüssige Ei unter die schon gestockte Masse laufen kann.*

Nährwerte

Energie	Kohlenhydrate	Eiweiss	Fett	MUF	BS	Kohlenhydratanteil
360 kcal	1,4g	45,6g	19,1g	6,7g	1,1g	1,6%

Bei einigen Gerichten meiner Fleischrezepte bezieht sich die Zubereitungszeit lediglich auf die Zubereitung, da diese kurz ist. Diese Gerichte benötigen jedoch eine etwas längere Garzeit, die zusätzlich mit angegeben ist.

Als Tipp für den preiswerten Einkauf von Fleisch empfehle ich Ihnen am besten in einem Großmarkt (z.B. Metro) gleich größere Mengen Fleisch einzukaufen und dieses portionsweise einzufrieren. Bei Bedarf haben Sie dann immer ausreichend Fleisch vorrätig. Außerdem ist Fleisch im Großhandel deutlich günstiger als in einem regulären Supermarkt.

Hauptgerichte mit Fleisch

Steak-Happen mit Japan-Gemüse

1-2 Portionen
Zubereitungszeit: 35 Minuten
Schwierigkeitsgrad: mittel

Zutaten

300g Filetsteak, am Stück
1 EL Olivenöl
2 Frühlingszwiebeln = 25g
30g Sellerie
10g Ingwer, frisch
50ml Sojasauce
1 EL Reisessig
10g Rettich, frisch
2 EL Basilikum, frisch gehackt
2 EL Minze, frisch gehackt

Zubereitung

1 *Das Steakfleisch in 3cm große Würfel schneiden.*

2 *Die Frühlingszwiebel, den Sellerie und den Ingwer sehr fein zerhacken und mit den Kräutern in einer Schüssel vermengen.*

3 *Das Olivenöl in einer Pfanne erhitzen, die Fleischwürfel von allen Seiten scharf anbraten und auf einer Servierplatte anrichten.*

4 *Das Gemüse und die Kräuter gleichmäßig auf dem heißen Fleisch verteilen.*

5 *Für die Sauce den Reisessig zusammen mit der Sojasauce kurz erhitzen (nicht kochen!) und über das Gericht gießen.*

6 *Zum Schluss den Rettich mit einer Gemüsereibe reiben und über das Gericht streuen.*

Tipp: *Je nach Geschmack können die Fleischwürfel »durchgebraten« oder auch innen noch »zartrosa« angebraten werden.*

Nährwerte

ENERGIE	KOHLENHYDRATE	EIWEISS	FETT	MUF	BS	KOHLENHYDRATANTEIL
489 KCAL	2,9G	64,9G	24,2G	2,3G	3G	2,4%

Kaninchenrücken mit Pfifferlingen

2 Portionen
Zubereitungszeit: 40 Minuten
Schwierigkeitsgrad: mittel

Zutaten

250g Kaninchenrückenfilet, ausgelöst
etwas abgeriebene Zitronenschale
1 El Olivenöl
200g Pfifferlinge
6 Edelzwiebeln (Schalotten) = 100g
15 Cocktailtomaten, halbiert = 150g
1 Thymianzweig
1 EL Petersilie, gehackt
1/2 Suppenwürfel
Salz
Pfeffer aus der Mühle
200ml Wasser

Zubereitung

1 *Das Kaninchenfilet mit Zitronenschale und Olivenöl einreiben und 30 Minuten kühl ruhen lassen.*

2 *Die Schalotten in kleine Würfel schneiden, die Tomaten halbieren und die Pfifferlinge vorsichtig säubern.*

3 *Das Kaninchenfilet in einer Pfanne erhitzen und unter Wenden bei mittlerer Hitze etwa 8 Minuten braten. Dabei immer wieder mit dem austretenden Bratensaft begießen.*

4 *Das Fleisch aus der Pfanne nehmen und warm stellen.*

5 *Die Schalotten und die Pfifferlinge in der Pfanne anbraten, dann die Tomaten und den mit den Fingern zerzupften Thymian dazu geben. Mit Salz, Pfeffer, dem Suppenwürfel und Petersilie würzen. Mit Wasser aufgießen, das Fleisch dazu geben. Anschließend zugedeckt etwa 5 Minuten köcheln lassen.*

6 *Das Kaninchenfleisch schräg in Scheiben schneiden und mit Gemüse servieren.*

Nährwerte

ENERGIE	KOHLENHYDRATE	EIWEISS	FETT	MUF	BS	KOHLENHYDRATANTEIL
566 KCAL	7,5G	60,3G	32,7G	4,9G	12,4G	5,3%

Gedämpftes Lamm

2 Portionen
Zubereitungszeit: 35 Minuten
Schwierigkeitsgrad: einfach

Zutaten

- 300g Lammfilet
- 1/2 Aubergine = 100g
- 1/2 Zucchini = 100g
- 1 Tomate = 100g
- 1 Zwiebel = 100g
- 2 Knoblauchzehen
- 1 EL Kerbel, frisch gehackt
- Salz
- Pfeffer
- 1 EL Olivenöl
- 150g Joghurt, 1,5% Fett
- 250ml Wasser
- 1-2 frische Rosmarinzweige, zum Garnieren

Zubereitung

1 *Das Lammfleisch in mundgerechte Würfel schneiden, den Knoblauch in einer Presse zerpressen und das Fleisch damit einreiben.*

2 *Öl in einer Pfanne erhitzen, die Lammfleischwürfel dazu geben und 2 Minute unter Rühren scharf anbraten. Anschließend mit 250ml Wasser aufgießen, pfeffern, salzen und 20 Minuten auf kleiner Stufe, zugedeckt köcheln lassen.*

3 *Das Gemüse in mundgerechte Würfel schneiden und nach 20 Minuten zu dem Fleisch in den Kochtopf geben – nicht umrühren. Den gehackten Kerbel drüberstreuen und weitere 15 Minuten, zugedeckt köcheln lassen.*

4 *Das Gericht auf einem Teller anrichten, mit Joghurt übergießen und mit Rosmarinzweigen garnieren.*

Tipp: *Wichtig ist, dass der Kochtopf einen gut verschließbaren Deckel hat. Schlagen Sie ihn gegebenenfalls in ein sauberes Küchentuch ein.*

Nährwerte

Energie	Kohlenhydrate	Eiweiss	Fett	MUF	BS	Kohlenhydratanteil
587 kcal	17,7g	73,5g	24,7g	1,6g	14,7g	12,1%

Schweinesteaks auf Kochsalat

1-2 Portionen
Zubereitungszeit: 40 Minuten
Schwierigkeitsgrad: mittel

Zutaten

250g Schweinslungenbraten (Schweinefilet)
100g Porree (Lauch)
100g Kochsalat (römischer Salat)
30g Erbsen
1/4 Zwiebel = 25g
10g Sauerrahm, 10% Fett
1 Knoblauchzehe
1 EL Distelöl
1 TL Kümmel
Muskatnuss
Pfeffer
1/2 Suppenwürfel
150ml Wasser

Zubereitung

1 *Den Porree und den Kochsalat nudelig schneiden und die Zwiebel fein zerhacken.*

2 *Das Fleisch in 2-3 Stücke (Steaks) etwa 2cm dick schneiden.*

3 *Den Knoblauch in einer Presse pressen und die Steaks mit Knoblauch und Kümmel einreiben.*

4 *Das Distelöl in einer Pfanne erhitzen und die Steaks darin beidseitig 3 Minuten braten.*

5 *Anschließend die Fleischstücke aus der Pfanne nehmen, auf die mittlere Schiene des Backrohrs auf Alufolie legen und bei 180°C noch 10 Minuten garen. Danach zugedeckt etwas ruhen lassen.*

6 *Während das Fleisch im Backofen brutzelt, die Zwiebel im Bratrückstand kurz anrösten, den Porree, den Salat und die Erbsen dazu geben, durchrühren und mit Sauerrahm, Muskatnuss und dem Suppenwürfel würzen.*

7 *Mit 150ml Wasser aufgießen und zugedeckt 10 Minuten dünsten lassen.*

8 *Die Kochsalat-Gemüsemischung auf einem Teller anrichten, die Schweinesteaks darauf legen und servieren.*

Tipp: *Dieses Gericht ist eine ideale fettarme Alternative, für alle, die nicht auf den typischen Geschmack von Schweinebraten verzichten wollen.*

Nährwerte

Energie	Kohlenhydrate	Eiweiss	Fett	MUF	BS	Kohlenhydratanteil
452 kcal	8,5g	58,4g	20,5g	9,6g	3,9g	7,5%

Hackrollbraten

4-5 Portionen
Zubereitungszeit: 25 Minuten (+ 40 Minuten Garzeit)
Schwierigkeitsgrad: aufwendig

Zutaten

1000g Rindergehacktes, mager
1 Zwiebel = 100g
200g körniger Frischkäse, 10% Fett i.Tr.
100g Putenschinken, mager, in Scheiben geschnitten
150g Blattspinat, Tgk.
3 ganze Eier
200g Tomaten, passiert (Tetra Pak oder Dose)
2 EL Petersilie, gehackt
Kümmel + Pfeffer

Zubereitung

1 *Die Eier 8 Min. hart kochen, abschrecken und schälen.*

2 *Die Zwiebel fein hacken, 1/4 für die Tomatensauce aufbewahren, den Rest in eine große Schüssel geben. Das Fleisch, den Frischkäse und die Gewürze dazu geben und alles gut durchmischen.*

3 *Ein Stück Alufolie (ca. 50cm lang) mit der matten Seite nach oben auf ein großes Brett legen, den Putenschinken auf einer quadratischen Fläche darauf auslegen. Die Schinkenscheiben sollen dabei etwas überlappen.*

4 *Die Hackfleischmasse gleichmäßig, etwa daumendick auf dem Schinken verteilen.*

5 *An einem Ende der Masse den aufgetauten Spinat und die Eier auflegen. Die Eier sollten von Spinat umhüllt sein. Nun mit Hilfe der Alufolie die Fleischmasse wie einen Strudelteig einrollen. (Da die Eier in der Mitte des Bratens sein sollen, an dieser Seite beginnen.)*

6 *Den Rollbraten in eine verschließbare Auflaufform legen, bodenbedeckend Wasser dazu gießen und zugedeckt 40 Min. im Backofen garen. Danach ohne Deckel 10 Minuten knusprig backen. Zum Abdecken kann auch Alufolie verwendet werden.*

7 *Die restliche Zwiebel in einem Topf glasig dünsten, mit den passierten Tomaten aufgießen und zugedeckt 10 Min. köcheln lassen. Bei Bedarf salzen und pfeffern.*

8 *Den fertigen Braten in Scheiben schneiden und mit der Tomatensauce servieren.*

Tipp: *Sie können den Hackrollbraten jedoch sehr gut portionieren und einfrieren.*

Nährwerte

Energie	Kohlenhydrate	Eiweiss	Fett	MUF	BS	Kohlenhydratanteil
1657 kcal	22,4g	281,6g	49g	4,7g	5,3g	5,4%

Griechische Lammspieße

1-2 Portionen
Zubereitungszeit: 30 Minuten
Schwierigkeitsgrad: mittel

Zutaten

300g Lammfilet
1 Zucchini = 100g
12 frische Salbeiblätter
1/2 TL Kümmel, gemahlen
1/2 TL Paprikagewürz
1 EL Olivenöl

Zubereitung

1 *Das Fleisch in etwa 2cm große Würfel schneiden.*

2 *Die Zucchini längs halbieren und dann in 1cm dicke Scheiben schneiden.*

3 *In einer kleinen Schüssel die Gewürze mit dem Öl vermengen.*

4 *Die Fleischstücke, die Zucchinischeiben und die Salbeiblätter abwechselnd auf 2-3 Spieße stecken und anschließend rundherum mit der Marinade bestreichen.*

5 *Die Lammspieße im Backrohr bei Grillfunktion 20 Minuten grillen.*

6 *Auf einem Teller anrichten, mit Ayvar (siehe Kapitel 3 »Schnell und einfach Kochen von A-Z«) und grünem Salat als Beilage genießen.*

Tipp: *Anstelle von Lamm kann auch Hühnerbrustfilet verwendet werden, damit schmecken die Spieße auch kalt vorzüglich.*

Nährwerte

Energie	Kohlenhydrate	Eiweiss	Fett	MUF	BS	Kohlenhydratanteil
463 kcal	2,4g	62,8g	22,5g	1,4g	1,1g	2,1%

Gulasch

1-2 Portionen
Zubereitungszeit: 15 Minuten (+ 30 Minuten Garzeit)
Schwierigkeitsgrad: einfach

Zutaten

300g Rindfleisch, mager, am Stück
1 1/2 Zwiebeln = 150g
2 Knoblauchzehen
1 EL Olivenöl
1 EL Tomatenmark
1 EL Paprikagewürz
Pfeffer
300ml Wasser

Zubereitung

1 *Das Fleisch in etwa 2cm große Würfel schneiden.*

2 *Die Zwiebel und die Knoblauchzehen fein hacken und in einem Kochtopf mit Olivenöl unter ständigem Rühren braun anrösten.*

3 *Das Fleisch dazu geben, von allen Seiten scharf anbraten und danach mit Wasser aufgießen.*

4 *Mit Tomatenmark, Paprika und Pfeffer pikant würzen.*

5 *Zugedeckt auf kleiner Flamme etwa 30 Minuten köcheln lassen und danach servieren.*

Tipp: *Damit das Fleisch richtig weich wird, ist es wichtig, dass der Kochtopf gut verschließbar ist. Dazu eignet sich am besten ein Schnellkochtopf mit Druckventil (siehe Kapitel 5 »Küchengeräte und Küchenhelfer«).*

Nährwerte

ENERGIE	KOHLENHYDRATE	EIWEISS	FETT	MUF	BS	KOHLENHYDRATANTEIL
474 KCAL	11G	66,7G	18,1G	1,5G	2,7G	9,3%

Fleischknödel mit Sauerkraut

3-4 Portionen
Zubereitungszeit: 30 Minuten
Schwierigkeitsgrad: mittel

Zutaten

500g Kalbfleisch, gehackt
1 ganzes Ei
1/2 Zwiebel = 50g
10g Schwarzwälder-Schinken
1 EL Petersilie, gehackt
Knoblauchgranulat
Muskatnuss
Pfeffer
1 Beutel Sauerkraut = 500g

Zubereitung

1 *Die Zwiebel fein hacken.*

2 *Das Kalbshackfleisch in einer Schüssel mit Zwiebel, Ei, Hafermark, Kräutern und Gewürzen vermengen und mit sauberen Händen zu 8-10 kleinen Knödeln formen.*

3 *Die Knödel in kochendes Wasser einlegen und nicht zugedeckt etwa 10 Minuten darin köcheln lassen.*

4 *In der Zwischenzeit das Sauerkraut laut Beutelbeschreibung in heißem Wasser kochend zubereiten.*

5 *Den Schwarzwälder-Schinken in sehr feine Würfelchen schneiden und in einer Pfanne knusprig braten.*

6 *Das Sauerkraut auf einem Teller anrichten, die Knödel mittig darauf legen und mit den Schinkenwürfeln bestreuen.*

Tipp: *Sie können für dieses Gericht auch Rindergehacktes verwenden.*

Nährwerte

Energie	Kohlenhydrate	Eiweiss	Fett	MUF	BS	Kohlenhydratanteil
871 kcal	16,7g	144g	25,3g	3,3g	13,4g	7,7%

Gekochtes Kalbfleisch mit warmer Dillsauce und Suppengemüse

4-5 Portionen
Zubereitungszeit: 20 Minuten (+ 50 Minuten Garzeit)
Schwierigkeitsgrad: mittel

Zutaten

1000g Kalbfleisch, am Stück
2 Möhren = 100g
2 gelbe Möhren = 100g
1 Zwiebel = 100g
1 Petersilienwurzel = 100g
1/2 Sellerie = 100g

Für die Dillsauce
15g Butter
20g Mehl
200ml Milch, 0,5% Fett
200ml Wasser
2 EL Dill, gehackt
Salz
Pfeffer

Zubereitung

1 *Das Fleisch in einen mit Wasser gefüllten Kochtopf geben. Erhitzen und 50 Minuten zugedeckt köcheln lassen. Machen Sie eine Garprobe: Das Fleisch sollte leicht zu durchstechen und butterweich sein.*

2 *Geben Sie das Gemüse nach der halben Kochzeit in den Suppentopf.*

3 *Für die Dillsauce die Butter in einem Kochtopf zerfließen lassen, das Mehl dazu geben und mit einem Schneebesen gut verrühren. Mit Milch und Wasser aufgießen und auf der heißen Herdplatte so lange rühren, bis die Sauce dickflüssig wird. Vorsicht, nicht anbrennen lassen! Den Dill dazu geben und mit Salz und Pfeffer abschmecken. Die Sauce vom Herd nehmen und warm stellen.*

4 *Das fertig gegarte Fleisch aus der Brühe nehmen und in Scheiben schneiden.*

5 *Das Gemüse abseien und in mundgerechte Stücke schneiden, zusammen mit dem Fleisch portionsweise auf Tellern anrichten, mit der Dillsauce übergießen und sogleich servieren.*

Tipp: *Sie können von der Fleischbrühe den Schaum abschöpfen und die Brühe dann portionsweise einfrieren. Damit haben Sie immer eine leckere Brühe als Basis für weitere Gerichte vorrätig.*

Nährwerte

ENERGIE	KOHLENHYDRATE	EIWEISS	FETT	MUF	BS	KOHLENHYDRATANTEIL
1329 KCAL	46,3G	235,9G	22,2G	4,8G	15,2G	13,5%

Kaufen Sie Hühnerfleisch im Großmarkt (z.B. Metro) oder beim Discounter (Aldi/Hofer) günstig und in größeren Mengen ein. Portionieren Sie das Geflügelfleisch und frieren Sie es ein. Damit sparen Sie Geld und Zeit. Sie haben immer ausreichend Geflügelfleisch in praktischen Portionen vorrätig.

Speziell im Umgang mit Geflügelfleisch in der Küche, sollten Sie – um die Verbreitung von möglichen Salmonellen zu vermeiden – immer besonders hygienisch vorgehen. Schneidbretter und Besteck, das mit rohem Geflügelfleisch in Berührung gekommen ist, anschließend gründlich reinigen (siehe Kapitel 3 »Schnell und einfach Kochen von A-Z«). Wird Geflügelfleisch ausreichend erhitzt, dann besteht keine Gefahr sich mit Salmonellen zu infizieren.

GEFLÜGEL

Teriyaki Hähnchen

1 Portion
Zubereitungszeit: 30 Minuten
Schwierigkeitsgrad: einfach

Zutaten

- 200g Hühnerbrustfilet = 1 Stück
- 2 EL Teriyaki-Marinade
- 1/2 Salatgurke = 200g
- 2 Möhren = 100g
- 100g Chinakohlsalat
- 1 EL Erdnussöl

Zubereitung

1 *Das Hühnerbrustfilet mit einem Fleischklopfer flach klopfen und anschließend auf beiden Seiten mit Teriyaki-Marinade bestreichen.*

2 *In einer Pfanne das Öl erhitzen und das Hühnerfleisch bei mäßiger Hitze auf beiden Seiten mindestens 10 Minuten braten.*

3 *In der Zwischenzeit die Salatgurke und die Möhren in feine Streifen schneiden. Das Gemüse kann auch in einer Küchenmaschine grob geraspelt werden.*

4 *Den Chinakohl ebenfalls fein streifig schneiden.*

5 *Das Gemüse auf einem großen Teller anrichten und das gegarte Hühnchen darauf legen.*

Tipp: *Am besten kommt der typisch asiatische Geschmack zur Geltung, wenn Sie das Fleisch bereits am Vortag marinieren und die Marinade über Nacht einziehen lassen.*

Nährwerte

Energie	Kohlenhydrate	Eiweiss	Fett	MUF	BS	Kohlenhydratanteil
323 kcal	10,3g	51,3g	8,5g	2g	4,4g	12,7%

Putenbrust in roter Zwiebelsauce

1 Portion
Zubereitungszeit: 30 Minuten
Schwierigkeitsgrad: einfach

Zutaten

- 200g Putenbrust = 1 Stück
- 2 rote Zwiebeln = 200g
- 2 Knoblauchzehen
- 10g Butter
- 2 EL Tomatenmark
- 1/2 TL Ingwerpulver
- 1/2 TL Chilipulver
- 1/2 TL Koriander
- 1/2 TL Paprikagewürz
- 1/2 TL grob geriebener Pfeffer
- 1/2 TL Kardamom
- Koriander, frisch gehackt, zum Garnieren

Zubereitung

1 *Die Putenbrust in 2cm dicke Scheiben schneiden.*

2 *Die Zwiebel ganz fein zerhacken und die Knoblauchzehen zerpressen.*

3 *Die Butter in einer Pfanne erhitzen und die Zwiebeln darin goldbraun rösten.*

4 *Die Hitze reduzieren. Knoblauch, Ingwer, Chili, Koriander, Kardamom und Pfeffer dazu geben und alles gut verrühren.*

5 *Zum Schluss das Tomatenmark unterrühren.*

6 *Das rohe Putenbrustfleisch zur Sauce in die Pfanne geben und zugedeckt etwa 20 Minuten bei mäßiger Hitze garen.*

7 *Die Putenbruststücke auf Tellern anrichten, mit der Zwiebelsauce übergießen und mit gehacktem Koriander bestreuen.*

Nährwerte

ENERGIE	KOHLENHYDRATE	EIWEISS	FETT	MUF	BS	KOHLENHYDRATANTEIL
355 KCAL	12,5G	51,6G	11G	0,9G	3,6G	14,1%

Chinesisches Hühnchen »Tikka«

1 Portion
Zubereitungszeit: 45 Minuten
Schwierigkeitsgrad: einfach

Zutaten

250g Hühnerbrustfilet
1 Zwiebel = 100g
100g Joghurt, 1,5% Fett
2 Knoblauchzehen
1 TL Ingwer, frisch gerieben
1/2 TL Chilipulver
1/2 TL Koriander
1 TL Paprikapulver, scharf
2 EL Zitronensaft
2 EL Tomatenmark
4 Salatblätter
2 Zitronenspalten

Zubereitung

1 *Die Knoblauchzehen in einer Knoblauchpresse pressen.*

2 *Ingwer, Knoblauch, Koriander und Chilipulver in einer verschließbaren Schüssel vermengen.*

3 *Joghurt, Zitronensaft und Tomatenmark der Gewürzmischung beigeben und alles gut verrühren.*

4 *Das Hühnerfleisch in mundgerechte Stücke schneiden, in die Joghurt Gewürzmischung geben und untermengen. Die Schüssel verschließen und mindestens 3 Stunden kalt stellen.*

5 *Die Zwiebel in Ringe schneiden und den Boden einer Auflaufform damit auslegen.*

6 *Das Fleisch inklusive der Marinade auf die Zwiebelringe gießen und im vorgeheizten Backofen (Grillstufe) 25-30 Minuten grillen.*

7 *Das Hühnchen »Tikka« auf Salatblättern anrichten und mit Zitronenspalten garnieren.*

Nährwerte

ENERGIE	KOHLENHYDRATE	EIWEISS	FETT	MUF	BS	KOHLENHYDRATANTEIL
349 KCAL	11,5G	65,7G	4,4G	0,6G	1,9G	13,2%

Truthahnschnitzel mit Peterwurzeln

1-2 Portionen
Zubereitungszeit: 35 Minuten
Schwierigkeitsgrad: einfach

Zutaten

250g Putenschnitzel = 2 kleine Stücke
2 Petersilienwurzeln = 150g
1/2 Zwiebel = 50g
5g Butter
50g Sauerrahm, 10% Fett
1 EL Rapsöl
Pfeffer
1/2 Suppenwürfel
1 TL Petersiliengrün, frisch gehackt

Zubereitung

1 *Die Petersilienwurzeln in feine Würfel schneiden, ebenso die Zwiebel.*

2 *Die Butter in einem kleinen Topf erhitzen und das Gemüse darin leicht anbräunen.*

3 *Den Sauerrahm und den zerbröselten Suppenwürfel mit 150ml Wasser in einem Shaker gut durchschütteln und damit das Gemüse aufgießen. Noch einmal aufkochen lassen und anschließend mit einem Stabmixer fein pürieren. Zugedeckt warm stellen.*

4 *Die Truthahnschnitzel mit einem Fleischhammer dünn klopfen, pfeffern und in einer Bratpfanne mit Rapsöl bei mäßiger Hitze beidseitig 8 Minuten braten.*

5 *Die gebratenen Truthahnschnitzel auf Tellern anrichten, mit der Sauce übergießen und mit gehacktem Petersiliengrün garnieren.*

Nährwerte

Energie	Kohlenhydrate	Eiweiss	Fett	MUF	BS	Kohlenhydratanteil
550 kcal	13,2g	78,6g	20,3g	2g	6,9g	9,6%

Olivenschnitzel mit Pfifferlingen

1-2 Portionen
Zubereitungszeit: 40 Minuten
Schwierigkeitsgrad: mittel

Zutaten

250g Putenschnitzel = 1 großes Stück
5 schwarze Oliven
2-3 Salbeiblätter
1 EL Olivenöl
200g Pfifferlinge
10g Butter
1 TL Zitronensaft
Pfeffer
Kräutersalz
Frische Kresse,
zum Garnieren

Zubereitung

1 *Das Putenschnitzel mit einem Fleischklopfer möglichst flach klopfen.*

2 *Die Oliven entkernen, fein schneiden und auf einer Hälfte des Fleisches verteilen. Mit den Salbeiblättern belegen, zusammenklappen und mit Zahnstochern fixieren.*

3 *Das Olivenöl in einer Pfanne erhitzen und das Schnitzel darin beidseitig bei geringer Hitze etwa 8 Minuten braten.*

4 *Inzwischen die Pfifferlinge säubern und klein schneiden.*

5 *Die Butter in einem Kochtopf erhitzen, die Pfifferlinge dazu geben und unter Rühren anrösten. Mit Zitronensaft und einer halben Tasse Wasser aufgießen. Anschließend mit Pfeffer und Kräutersalz würzen und zugedeckt noch 3 Minuten köcheln lassen.*

6 *Das Olivenschnitzel zusammen mit den Pfifferlingen auf einem Teller anrichten, mit Kresse garnieren und servieren.*

Tipp: *Um das zusammengeklappte Fleisch besser zu fixieren, kann auch Küchengarn (siehe Kapitel 5 »Küchengeräte und Küchenhelfer«) verwendet werden.*

Nährwerte

Energie	Kohlenhydrate	Eiweiss	Fett	MUF	BS	Kohlenhydratanteil
489 kcal	1,5g	65,5g	24,5g	1,3g	9,4g	1,2%

Hühnchen-Pilz-Lasagne

1-2 Portionen
Zubereitungszeit: 50 Minuten
Schwierigkeitsgrad: einfach

Zutaten

300g Hühnerbrustfilet, gehackt
300g Champignons
100g geriebener Mozzarella Light, 10% Fett i.Tr.
200g Tomaten, passiert (Tetra Pak oder Dose)
1 EL Italienische Kräutermischung
Pfeffer
Kräutersalz

Zubereitung

1 *Die Champignons säubern und in feine Scheiben schneiden.*

2 *In einer Schüssel die Kräuter, Salz und Pfeffer mit dem gehackten Hühnerfleisch vermengen (am besten mit sauberen Händen).*

3 *Die Champignons und das Fleisch wechselweise in eine kleine Auflaufform schlichten.*

4 *Den geriebenen Mozzarella auf der oberen Fleischschicht verteilen und mit den passierten Tomaten übergießen.*

5 *Die Auflaufform ins Backrohr schieben und etwa 40 Minuten bei 170°C zugedeckt backen. 10 Minuten vor Ende der Garzeit den Deckel abnehmen damit der Mozzarella braun und knusprig wird.*

Tipp: *Lassen Sie das Hühnerbrustfilet schon beim Fleischer faschieren bzw. als Hackfleisch zubereiten.*

Nährwerte

Energie	Kohlenhydrate	Eiweiss	Fett	MUF	BS	Kohlenhydratanteil
570 kcal	4,4g	106,6g	14g	2,7g	6g	3,1%

Souvláki mit Griechischem Salat

2-3 Portionen
Zubereitungszeit: 40 Minuten
Schwierigkeitsgrad: mittel

Zutaten

400g Hühnerbrustfilet
Saft einer halben Zitrone + 3 EL Weißwein
1/2 TL Thymian + 1/2 TL Oregano, gehackt
1/2 TL Rosmarin, gehackt + 1 EL Olivenöl
1 Knoblauchzehe, gepresst

Griechischer Salat
1/2 rote Zwiebel = 50g
1 gelbe Paprikaschote = 100g
1/4 Salatgurke = 100g
1 Knoblauchzehe
2 EL Olivenöl + Salz
2 EL Zitronensaft
1 TL Süßstoff, flüssig
frische Oreganoblätter

Zubereitung

1 *Das Hühnerbrustfilet in 2-3 cm große Würfel schneiden.*

2 *Aus allen Zutaten (Souvláki) eine Marinade bereiten, die Geflügelfleischwürfel in eine Schüssel füllen, mit der Marinade übergießen und 3 Stunden zugedeckt kalt stellen.*

3 *Anschließend die Fleischwürfel auf Spieße stecken, im Backrohr auf einen Grillrost legen und bei Grillstufe etwa 15 Minuten grillen.*

4 *Für den Salat die Zwiebel in Ringe, die Paprikaschote in Streifen, die Salatgurke in Scheiben und die Knoblauchzehen in sehr feine Scheiben schneiden.*

5 *Alle Zutaten in eine Salatschüssel geben und mit Olivenöl, Zitronensaft, Salz und Pfeffer marinieren.*

6 *Den Salat auf Tellern anrichten, die Spieße daneben legen und mit frischen Oreganoblättern garnieren.*

Tipp: *Beim Grillen der Souvláki Spieße kann auch Alufolie untergelegt werden. Damit bleibt der Backofen sauber.*

Nährwerte

Energie	Kohlenhydrate	Eiweiss	Fett	MUF	BS	Kohlenhydratanteil
742 kcal	8,8g	99,1g	34,5g	4,2g	5g	4,7%

Frischer Fisch sollte nicht längere Zeit im Kühlschrank aufbewahrt werden, da herkömmliche Kühlschränke im Durchschnitt nur bis auf 5°C abkühlen. Fisch sollte jedoch bei einer Temperatur von 0°C gelagert werden. Deshalb ist es empfehlenswert, den Fisch am Tag des Einkaufs frisch zuzubereiten.

Frischen Fisch am Tag der Zubereitung am besten in einem flachen Gefäß oder auf einem Blech, bedeckt mit Frischhaltefolie, in den kältesten Teil des Kühlschranks stellen.

Tiefgefrorener Fisch sollte im Kühlschrank auf saugfähigem Küchenpapier oder in einem Durchschlag (Sieb) über einer Schüssel aufgetaut werden. Liegt der Fisch im eigenen Tauwasser, so wird der Geschmack ausgeschwemmt.

Fisch

Thunfischsteak auf roter Bete

2 Portionen
Zubereitungszeit: 35 Minuten
Schwierigkeitsgrad: mittel

Zutaten

200g Thunfischsteak = 1 Stück
1/2 rote Zwiebel = 50g
1 Knolle rote Bete = 70g
1 EL Olivenöl
1/2 Suppenwürfel
2 Dörrpflaumen = 10g
Pfeffer
1/2 TL Kümmel, gemahlen
Korianderblätter, frisch

Zubereitung

1 *Die rote Bete schälen und in feine Scheiben schneiden. Die Zwiebel fein ringelig schneiden.*

2 *Das Öl in einer Pfanne erhitzen, die Zwiebelringe und die rote Bete darin leicht anrösten.*

3 *Die Dörrpflaumen klein würfelig schneiden und zum Gemüse in die Pfanne geben.*

4 *Mit Pfeffer, Kümmel und dem zerbröselten Suppenwürfel würzen, anschließend mit 200ml Wasser aufgießen.*

5 *Das Thunfischsteak pfeffern, auf das Gemüse legen und 20 Minuten zugedeckt bei mäßiger Hitze garen.*

6 *Das fertige Gericht mit den Korianderblättern bestreuen und servieren.*

Nährwerte

ENERGIE	KOHLENHYDRATE	EIWEISS	FETT	MUF	BS	KOHLENHYDRATANTEIL
619 KCAL	11,9G	44,9G	43,5G	10,3G	3,2G	7,7%

Babykalamari auf Paprika-Chilisalsa

1 Portion
Zubereitungszeit: 35 Minuten
Schwierigkeitsgrad: einfach

Zutaten

300g Babykalamari (kleine Tintenfische)
1 rote Paprikaschote = 100g
1 gelbe Paprikaschote = 100g
2 scharfe Chilischoten
1/2 Zwiebel = 50g
1 EL Olivenöl
1 Knoblauchzehe
1 EL Zitronensaft
1 TL Kerbel, frisch gehackt

Zubereitung

1 *Die Knoblauchzehe pressen und die Babykalamari damit einreiben, in eine Alufolie einschlagen und mit einem Ölzerstäuber etwas Olivenöl darüber sprühen.*

2 *Die Alufolie gut verschießen und im Backrohr bei Grillstufe 20 Minuten grillen. Kurz vor Ende der Garzeit die Folie öffnen, damit die Kalamari braun und knusprig werden.*

3 *Während die Kalamari im Backrohr garen, die Zwiebel grob würfelig schneiden und in einer Pfanne mit Olivenöl anschwitzen.*

4 *Die Paprikaschoten entkernen, würfelig in mundgerechte Stücke schneiden, die Chilischote sehr fein zerhacken und beides zu den Zwiebeln in die Pfanne geben.*

5 *Unter ständigem Rühren bei mittlerer Hitze 4-5 Minuten anbraten – die Paprika sollen noch knackig sein.*

6 *Die Paprika-Chilisalsa auf einem Teller anrichten, mit Kerbel bestreuen, die gegrillten Babykalamari darauf legen und mit Zitronensaft beträufeln.*

Tipp: *Damit das Gericht nicht so scharf wird, können Sie auch milde Chilischoten verwenden.*

Nährwerte

Energie	Kohlenhydrate	Eiweiss	Fett	MUF	BS	Kohlenhydratanteil
381 kcal	9g	51,5g	15,4g	1,5g	8,1g	9,5%

Scholle im Mandelmantel mit Blattspinat

2 Portionen
Zubereitungszeit: 40 Minuten
Schwierigkeitsgrad: mittel

Zutaten

300g Schollenfilet = 2 Stück
2 Eiklar
20g Mandeln, gehobelt
1/2 Zwiebel = 50g
10g Butter
300g Blattspinat, Tgk.
Kräutersalz
Pfeffer
1 EL Erdnussöl
Muskatnuss, gemahlen

Zubereitung

1 *Die Zwiebel fein würfelig schneiden, in einem Topf die Butter zerlassen und die Zwiebelwürfel kurz anschwitzen.*

2 *Den Spinat tiefgekühlt dazu geben, zudecken und 15 Minuten weich dünsten. Mit Muskatnuss würzen und warm stellen.*

3 *In einem Teller das Eiklar mit einer Gabel verquirlen.*

4 *Die Schollenfilets salzen, pfeffern und im Eiklar wenden. Danach mit den Mandelsplittern beidseitig bestreuen.*

5 *Erdnussöl in einer Pfanne erhitzen, die Schollenfilets bei mäßiger Hitze von beiden Seiten etwa 5 Minuten braten.*

6 *Die fertigen Filets zusammen mit dem Spinat auf einem Teller anrichten.*

Nährwerte

Energie	Kohlenhydrate	Eiweiss	Fett	MUF	BS	Kohlenhydratanteil
642 kcal	4,8g	81,2g	33,1g	3,8g	10,2g	3%

Zanderfilet mit Avocadocreme und Jungzwiebelragout

2 Portionen
Zubereitungszeit: 40 Minuten
Schwierigkeitsgrad: mittel

Zutaten

300g Zanderfilet
100g Artischocken aus dem Glas
100g Jungzwiebeln
1/2 reife Avocado = 100g
20g Sauerrahm, 10% Fett
Saft einer Limette
1 EL Olivenöl
Kräutersalz
1 TL Zitronengras, frisch gehackt
1 TL Dill, frisch gehackt

Zubereitung

1 *Die Limette auspressen.*

2 *Die Zanderfilets mit der Hälfte des Limettensaftes beträufeln, mit Kräutersalz würzen und in einer Pfanne mit Olivenöl beidseitig je 5 Minuten braten. Anschließend aus der Pfanne nehmen und zugedeckt (evtl. im Backrohr) warm stellen.*

3 *Die Jungzwiebeln und die Artischocken mundgerecht schneiden und bei mäßiger Hitze in der Pfanne im Fischbratensaft 10 Minuten braten. Abschließend mit Zitronengras und Dill bestreuen.*

4 *Währenddessen die Avocado schälen, entkernen und in kleine Würfel schneiden. Mit Sauerrahm und dem restlichen Limettensaft, in ein schmales Rührgefäß geben und mit einem Stabmixer pürieren oder auf einem Teller mit einer Gabel sehr fein zerdrücken.*

5 *Das Zanderfilet auf einem Teller mit dem Gemüseragout und der Avocadocreme anrichten.*

Tipp: *Reife Avocados erkennt man daran, dass sie bei Druck etwas nachgeben. Unreife Avocados schmecken bitter.*

Nährwerte

Energie	Kohlenhydrate	Eiweiss	Fett	MUF	BS	Kohlenhydratanteil
647 kcal	6,9g	64,5g	40,1g	3,8g	18,6g	4,3%

Überbackener Kabeljau

1-2 Portionen
Zubereitungszeit: 45 Minuten
Schwierigkeitsgrad: einfach

Zutaten

- 500g Kabeljaufilet = 2 Stück
- 2 Tomaten = 200g
- 200g Blattspinat, Tgk.
- 2 Knoblauchzehen
- 1 EL Zitronensaft
- 20g Parmesan, gerieben
- 2 EL frischer Kerbel, gehackt
- Kräutersalz
- Pfeffer

Zubereitung

1 *Den Blattspinat etwas antauen lassen (evtl. in der Mikrowelle) und in feine Streifen schneiden. Die Tomaten in Würfel schneiden, die Knoblauchzehen in einer Knoblauchpresse pressen.*

2 *Die Zutaten in einer Schüssel vermengen, den Kerbel dazu geben und mit Kräutersalz und Pfeffer würzen.*

3 *Die Kabeljaufilets in eine Auflaufform legen und mit Zitronensaft beträufeln.*

4 *Die Kräuter-Gemüsemischung über dem Fisch verteilen und mit Parmesan bestreuen.*

5 *Im Backrohr bei 200°C etwa 20 Minuten zugedeckt backen. Danach den Deckel abnehmen und weitere 10 Minuten ohne Deckel backen.*

Tipp: *Falls Ihre Auflaufform keinen Deckel hat, genügt es auch, die Form mit Alufolie abzudecken.*

Nährwerte

Energie	Kohlenhydrate	Eiweiss	Fett	MUF	BS	Kohlenhydratanteil
481 kcal	7,4g	98,9g	6,2g	0,2g	6,2g	6,2%

Lachsragout in Kräuter-Limettensauce

1-2 Portionen
Zubereitungszeit: 20 Minuten
Schwierigkeitsgrad: mittel

Zutaten

200g Lachsfilet = 1 Stück
2 Tomaten = 200g
1 Knoblauchzehe
Saft von einer Limette
1 EL frischer Basilikum, gehackt
1 EL frischer Kerbel, gehackt
Pfeffer aus der Mühle

Zubereitung

1 *Den Knoblauch mit einer Knoblauchpresse zerpressen und das Lachsfilet damit einreiben.*

2 *Etwas Wasser in eine kleine Bratpfanne gießen und das Lachsfilet bei mittlerer Hitze zugedeckt etwa 10 Minuten garen.*

3 *Währendessen die Tomaten in kleine Würfel schneiden.*

4 *Den Limettensaft mit Basilikum und Kerbel vermengen.*

5 *Das Lachsfilet in der Pfanne mit einem Pfannenwender in mundgerechte Stücke zerteilen und die Tomatenstücke dazu rühren.*

6 *Das Gericht mit dem Kräuter-Limettensaft übergießen und weitere 3-4 Minuten unter ständigem Rühren stark erhitzen.*

7 *Vor dem Servieren mit etwas Pfeffer aus der Mühle würzen.*

Nährwerte

ENERGIE	KOHLENHYDRATE	EIWEISS	FETT	MUF	BS	KOHLENHYDRATANTEIL
439 KCAL	5,8G	41,9G	27,6G	5,4G	2G	5,3%

Dorschfilet mit Gemüse-Knoblauch-Fond

1 Portion
Zubereitungszeit: 30 Minuten
Schwierigkeitsgrad: einfach

Zutaten

300g Dorschfilet = 1 Stück
1 Tomate = 100g
1 kleine Zucchini = 100g
1/2 Zwiebel = 50g
2 Knoblauchzehen
1 EL Olivenöl
300ml klare Gemüsesuppe
1 EL Italienische Kräutermischung
1 EL Zitronensaft
Pfeffer

Zubereitung

1 *Das Dorschfilet pfeffern, mit Zitronensaft beträufeln und in einer Pfanne mit Olivenöl beidseitig etwa 6 Minuten braten.*

2 *Die Tomate, Zucchini und die Zwiebel in etwa 1/2 cm große Stücke schneiden.*

3 *Die Knoblauchzehen sehr fein hacken, nicht pressen!*

4 *Das fertig gebratene Dorschfilet aus der Pfanne nehmen, zugedeckt warm stellen.*

5 *Das Gemüse in den Bratrückstand geben und unter Rühren 5 Minuten anrösten.*

6 *Mit der Gemüsesuppe aufgießen, noch einmal aufkochen lassen und zum Schluss die italienischen Kräuter dazu geben.*

7 *Die Dorschfilets auf einem Teller anrichten, mit der Gemüsesauce übergießen und warm servieren.*

Tipp: *Besonders fein schmeckt die Sauce, wenn man 50ml von der Suppe durch Weißwein ersetzt.*

Nährwerte

ENERGIE	KOHLENHYDRATE	EIWEISS	FETT	MUF	BS	KOHLENHYDRATANTEIL
391KCAL	8,6G	56,6G	14,5G	1,1G	3G	8,8%

Schollenröllchen auf Porree mit Joghurtsauce

2-3 Portionen
Zubereitungszeit: 40 Minuten
Schwierigkeitsgrad: aufwendig

Zutaten

300g Schollenfilet = 3 kleine Stücke
100g Räucherlachs
Kräutersalz
Pfeffer
200g Porree (Lauch)
5g Ingwer, frisch gerieben
200g Joghurt, 0,5% Fett
1/4 TL Curry

Zubereitung

1 *Die Schollenfilets auf die Arbeitsfläche legen, mäßig salzen und pfeffern.*

2 *Den Räucherlachs in 3 Teile teilen und die Filets gleichmäßig damit belegen. Diese anschließend einrollen und mit jeweils zwei Zahnstochern fixieren.*

3 *Die Fischröllchen in einen Kochtopf legen, soviel Wasser dazu geben das die Röllchen damit bedeckt sind und zugedeckt 20 Minuten köcheln lassen.*

4 *Währenddessen das Joghurt in eine Schüssel leeren, mit Ingwer und Curry vermengen.*

5 *Den Porree in feine Streifen schneiden und in kochendem Wasser 5 Minuten bissfest garen. In einem Sieb abtropfen lassen und auf einem Teller anrichten.*

6 *Die fertig gekochten Schollenröllchen vorsichtig aus dem Kochsud nehmen, auf den Porree legen und mit der Joghurtsauce übergießen.*

Nährwerte

ENERGIE	KOHLENHYDRATE	EIWEISS	FETT	MUF	BS	KOHLENHYDRATANTEIL
743 KCAL	20,4G	103,7G	27,4G	0,8G	8G	11%

Kabeljaufilet im Tomatenbett

1-2 Portionen
Zubereitungszeit: 35 Minuten
Schwierigkeitsgrad: einfach

Zutaten

300g Kabeljaufilet = 1 Stück
3 Tomaten = 300g
1 EL Zitronensaft
1 EL Dill, frisch gehackt
30g geriebener Gouda Käse, 40% Fett i.Tr.
Kräutersalz
Muskatnuss

Zubereitung

1 *Die Tomaten in Würfel schneiden, mit dem Dill vermengen und in eine Auflaufform legen.*

2 *Das Kabeljaufilet auf die Tomaten legen, und mit Zitronensaft beträufeln. Mit Kräutersalz und Muskatnuss würzen.*

3 *Das Fischfilet mit dem geriebenen Gouda Käse bestreuen und im Backofen bei 180°C etwa 25 Minuten backen.*

Nährwerte

Energie	Kohlenhydrate	Eiweiss	Fett	MUF	BS	Kohlenhydratanteil
367 kcal	7,8g	63,5g	9,1g	1,5g	3g	8,5%

WOK-GERICHTE

Kochen im Wok wird in Europa allgemein immer beliebter. Es geht schnell und ist durch die spezielle Zubereitungsmethode sehr gesund. Von kleingeschnittenen Gemüse- und Fleischstückchen bis hin zu Fisch ist alles möglich. Wenn Sie keinen Wok besitzen, können Sie alle Wok-Rezepte natürlich auch in einer großen Bratpfanne zubereiten. Der Unterschied bei der Zubereitung im Wok ist der, dass man dort unheimlich hohe Temperaturen erreicht. Fleisch, Geflügel, Fisch, Shrimps und Gemüse braucht man im Wok wirklich nur ganz kurz erhitzen. Dadurch behält das Gemüse seine Farbe, bleibt schön knackig und die Vitamine bleiben erhalten.

Ursprünglich wurden Woks aus Gusseisen hergestellt. Diese Art wird von vielen Köchen auch heute noch bevorzugt, da sie die Hitze gut speichern. Sie haben aber den Nachteil, dass sie sehr schwer sind. Woks aus Edelstahl oder Eisenblech sind ebenfalls empfehlenswert, sie verbiegen sich auch bei großer Hitze nicht und können auf jedem Herd eingesetzt werden. Unverzichtbar für jeden Wok ist ein hochgewölbter Deckel, den man zum Schmoren, Dämpfen und vor allem zum Warmhalten der Gerichte benötigt.

Ein neuer Wok aus Eisenblech muss vor dem ersten Gebrauch gesäubert werden um die Schutzschicht gegen Korrosion zu entfernen (dies erübrigt sich bei Edelstahl und Guseisen). Dazu Wasser und 2 EL Natron im Wok erhitzen und die Schutzschicht mit einem Topfreiniger entfernen. Bevor Sie Ihren Wok in Betrieb nehmen, müssen Sie ihn »ausrauchen«. Dazu stellen Sie ein Schälchen mit Erdnussöl und eine Rolle mit Küchenpapier bereit. Sie erhitzen den Wok auf hoher Flamme und wischen ihn mit in Öl getränktem

Küchenpapier aus. Am besten eignet sich hierzu eine Küchenzange. Den Vorgang wiederholen, bis das Küchenpapier sauber bleibt. Lassen Sie den Wok noch 15 Minuten auf kleiner Flamme stehen. Die bräunlich schwarze Farbe die dabei entsteht ist normal und auch erwünscht. Diese »Rückstände«, die sich aufgrund der Hitzeeinwirkung am Wok festsetzen, verleihen den Speisen das unverwechselbar rauchige Aroma, das zu echt »pfannengerührten« Gerichten gehört. Anschließend sollten Sie den Wok noch einmal mit heißem Wasser ausspülen und mit Speiseöl ausstreichen. Dies verhindert das Rosten Ihres Woks. Nun sind Sie gerüstet für das künftige Bratvergnügen.

Die wichtigste Garmethode bei Wok-Gerichten ist das »Pfannenrühren«, bei dem die Zutaten unter ständiger Bewegung kurz angebraten und schnell gegart werden. Die Zutaten werden vorher geschnitten und bereitgestellt, so dass sie später nur noch in den heißen Wok gegeben werden. Dieser wird vorher erhitzt. Das Soja- oder Erdnussöl erst hineingeben, wenn der Wok richtig heiß ist. Nachdem das Öl im Wok verteilt ist, werden die Zutaten dazu geben. Während der gesamten Zubereitung heißt es: Gut rühren! Dazu eignet sich ein Holzlöffel oder eine chinesische Wok-Schaufel (Chan), die entsprechend de Wölbung des Woks geformt ist. Falls die Zutaten während des Bratens zu trocken werden, sollten Sie anstelle von Öl besser einige Esslöffel Wasser dazu geben.

Garnelen in scharfer Chili-Sauce

1-2 Portionen
Zubereitungszeit: 20 Minuten
Schwierigkeitsgrad: einfach

Zutaten

300g Garnelenschwänze
2 EL Erdnussöl
1 rote Paprikaschote = 100g
1/2 gelbe Paprikaschote = 50g
1 Zwiebel = 100g
2 kleine, scharfe Chilischoten
1 EL Chiliflocken
1 EL Paprikapulver
1 EL Sake (japanischer Reiswein)
2 EL Sojasauce

Zubereitung

1 *Die Paprikaschoten und die Zwiebel streifig schneiden. Die Chilischoten sehr fein schneiden.*

2 *Das Öl im Wok erhitzen und die Garnelen dazu geben. Unter ständigem Rühren etwa 2 Minuten braten.*

3 *Die Chiliflocken und die Chilischoten dazu geben, gut verrühren und nach einer Minute die Zwiebel beifügen. Unter kräftigem Pfannenrühren 1-2 Minuten weiter braten.*

4 *Mit Sake übergießen und mit Paprikapulver würzen.*

5 *Erst zum Schluss die Paprikaschoten und die Sojasauce dazu rühren. Noch 2 Minuten gut verrühren und dann heiß servieren.*

Nährwerte

Energie	Kohlenhydrate	Eiweiss	Fett	MUF	BS	Kohlenhydratanteil
442 kcal	10,3g	60,7g	17,6g	4,6g	8g	9,3%

Hühnerfleisch mit Erdnuss-Sauce

1-2 Portionen
Zubereitungszeit: 20 Minuten
Schwierigkeitsgrad: einfach

Zutaten

300g Hühnerbrustfilet
2 EL Erdnussöl
200g Chinakohl
100g Bohnensprossen
1/2 Zucchini = 100g
1 Knoblauchzehe, gepresst
1 Stange Zitronengras, fein geschnitten
1 TL Ingwerpulver
1 TL Currypulver
1/2 TL Cumin (Kreuzkümmel)
2 EL Sojasauce
10g Erdnussmuss

Zubereitung

1 *Das Hühnerbrustfilet, die Zucchini und den Chinakohl fein streifig schneiden.*

2 *Das Öl im Wok erhitzen und das Hühnerfleisch unter ständigem Rühren etwa 2 Minuten braten*

3 *Zuerst die Gewürze, dann das Gemüse dazu geben und anschließend etwa 4 Minuten Pfannenrühren.*

4 *Die Sojasauce und das Erdnussmuss in einer Tasse mit einer Gabel verquirlen und über das Gericht in den Wok gießen.*

5 *Alles noch einmal gut durchmischen und servieren.*

Nährwerte

Energie	Kohlenhydrate	Eiweiss	Fett	MUF	BS	Kohlenhydratanteil
559 kcal	7,5g	33,1g	21,8g	3,3g	4,9g	5,4%

Lamm mit Bohnen, Minze und Basilikum

1-2 Portionen
Zubereitungszeit: 30 Minuten
Schwierigkeitsgrad: einfach

Zutaten

300g Lammfilet
2 EL Erdnussöl
100g grüne Bohnen
2 Tomaten = 200g
1 Knoblauchzehe
10g Ingwer, frisch
1 EL Minze, frisch gehackt
10-15 kleine Basilikumblätter
1 TL Senf
1/2 TL Koriander
1 TL Kümmel, gemahlen
2 EL Sojasauce

Zubereitung

1 *Das Lammfleisch in feine dünne Streifen schneiden.*

2 *Eine Marinade aus Sojasauce, Senf, Koriander und Kümmel zubereiten und das Lammfleisch über Nacht darin einlegen.*

3 *Die Bohnen 2-3 Minuten in kochendes Wasser einlegen – sie sollten noch bissfest sein. Anschließend die Bohnen aus dem Wasser nehmen und abtropfen lassen.*

4 *Die Tomaten in Spalten schneiden, die Knoblauchzehe und den Ingwer fein blättrig schneiden.*

5 *Das Öl im Wok erhitzen und das marinierte Fleisch darin unter ständigem Rühren etwa 3 Minuten braten.*

6 *Der Reihe nach Bohnen, Tomaten, Knoblauch, Ingwer und Kräuter dazu geben. Noch weitere 3 Minuten Pfannenrühren und danach servieren.*

Nährwerte

Energie	Kohlenhydrate	Eiweiss	Fett	MUF	BS	Kohlenhydratanteil
531 kcal	11,8g	67,5g	23,7g	3,2g	4,7g	8,9%

Seeteufel mit Ingwer

1-2 Portionen
Zubereitungszeit: 15 Minuten
Schwierigkeitsgrad: einfach

Zutaten

500g Seeteufel
2 EL Erdnussöl
1 EL Ingwer, frisch gerieben
150g grüner Spargel
100g Frühlingszwiebelstangen
2 EL Chilisauce, süß

Zubereitung

1 *Ingwer und Chilisauce in einer Schüssel verrühren, den Fisch in mundgerechte Stücke schneiden und in die Marinade einlegen.*

2 *Den Spargel mundgerecht und die Frühlingszwiebelstangen ringelig schneiden.*

3 *Das Öl im Wok erhitzen, die Zutaten dazu geben und 5 Minuten Pfannenrühren. Dabei vorsichtig vorgehen, damit die Fischstücke nicht zerfallen.*

4 *Das Gericht auf vorgewärmten Tellern sofort servieren.*

Tipp: *Seeteufel ist nicht gerade preisgünstig, lohnt sich jedoch wegen seinem feinen Geschmack und der wunderbaren Konsistenz. Alternativ kann auch Kabeljau verwendet werden.*

Nährwerte

Energie	Kohlenhydrate	Eiweiss	Fett	MUF	BS	Kohlenhydratanteil
522 kcal	6,3g	79,3g	20g	4,8g	3,7g	4,8%

Schweinefleisch mit Kokos-Sauce und Koriander

1-2 Portionen
Zubereitungszeit: 20 Minuten
Schwierigkeitsgrad: einfach

Zutaten

- 400g Schweinefilet
- 2 EL Erdnussöl
- 1 Zwiebel = 100g
- 2 Möhren = 100g
- 200ml Kokosmilch, aus der Dose
- 1 TL Ingwergewürz
- 2 EL Balsamico
- 2 EL Koriander, frisch gehackt

Zubereitung

1 *Die Zwiebel streifig und die Möhre in Scheiben schneiden.*

2 *Das Schweinefilet ebenfalls in Streifen schneiden.*

3 *Das Öl im Wok erhitzen, die Zwiebel darin bräunen lassen und anschließend aus dem Wok nehmen.*

4 *Das Schweinefleisch und die Möhren in den Wok füllen. 5 Minuten Pfannenrühren.*

5 *Mit Ingwergewürz und Pfeffer würzen, mit Balsamico aufgießen und die Kokosmilch dazu gießen.*

6 *Unter ständigem Rühren noch einmal kräftig erwärmen. Zum Schluss die Zwiebel und den gehackten Koriander unterrühren und heiß servieren.*

Nährwerte

Energie	Kohlenhydrate	Eiweiss	Fett	MUF	BS	Kohlenhydratanteil
593 kcal	12,5g	89g	20,8g	3,3g	5,2g	8,4%

Rindfleisch mit Pilzen

1-2 Portionen
Zubereitungszeit: 20 Minuten
Schwierigkeitsgrad: einfach

Zutaten

400g Rindfleisch, mager
1 Zwiebel = 100g
2 Knoblauchzehen
100g Champignons
100g Austernpilze
1 EL Ingwer, frisch gerieben
2 EL dunkle Sojasauce
1 TL Tabasco
1 EL Reisessig
1 EL Kerbel, frisch gehackt

Zubereitung

1 *Das Rindfleisch quer zur Faser in dünne Scheiben schneiden. Die Zwiebel ringelig, die Pilze fein blättrig schneiden.*

2 *Die Knoblauchzehen pressen und das Fleisch damit einreiben.*

3 *Das Öl im Wok erhitzen, das Rindfleisch dazu geben und 2 Minuten Pfannenrühren.*

4 *Die Zwiebel in den Wok füllen und 1 Minute weiter rühren. Mit Balsamico ablöschen.*

5 *Die Pilze, Ingwer, Sojasauce und Tabasco beifügen und 3 Minuten unter ständigem Rühren braten.*

6 *Zum Schluss den Kerbel darüber streuen und heiß servieren.*

Nährwerte

Energie	Kohlenhydrate	Eiweiss	Fett	MUF	BS	Kohlenhydratanteil
498 kcal	7,6g	73,7g	19,2g	3,3g	10,5g	6,1%

Ma-Po Tofu

1-2 Portionen
Zubereitungszeit: 20 Minuten
Schwierigkeitsgrad: mittel

Zutaten

200g fester Tofu
200g Rindergehacktes, mager
2 EL Erdnussöl
1 Knoblauchzehe
50g Lauch
2 EL zerdrückte dunkle Bohnen, aus der Dose
1/2 Suppenwürfel
1 EL Tabascosauce
100ml Wasser
Pfeffer

Zubereitung

1 *In einem Topf 1 Liter Wasser zum Kochen bringen. Den Tofu vorsichtig in 1cm große Würfel schneiden und 3 Minuten im Wasser kochen lassen. Anschließend herausnehmen und in einem Sieb abtropfen lassen.*

2 *Die Knoblauchzehe fein hacken und den Lauch ringelig schneiden.*

3 *Das Öl im Wok erhitzen, das Rinderhackfleisch und den Knoblauch dazu geben und etwa 3 Minuten Pfannenrühren.*

4 *Den Lauch, den Suppenwürfel, die zerdrückten Bohnen, die Tabascosauce und das Wasser dazu geben, verrühren und zum Schluss den Tofu beigeben Noch weitere 2-3 Minuten köcheln lassen.*

5 *Mit Pfeffer bestreuen und heiß servieren.*

Nährwerte

Energie	Kohlenhydrate	Eiweiss	Fett	MUF	BS	Kohlenhydratanteil
542 kcal	14,4g	63,5g	25,6g	7g	4,5g	10,6%

Low Carb Rezepte
für die Metabole Diät

Burger

Ein Burger muss nicht immer mit einem Hamburger-Brötchen gegessen werden. Alternativ können Burger auch auf einer Scheibe Toastbrot, Vollkornbrot oder nur auf einem großen Salatblatt mit kohlenhydratfreiem Ketchup serviert werden. Variationsreiche Burger sorgen in jedem Fall für Abwechslung auf Ihrem Speiseplan.

Die Nährwerte in den Gerichten sind jeweils ohne Brot angegeben. Um Ihnen die Berechnung zu vereinfachen habe ich die Nährwerte der verschiedensten Brötchen einmal grob für Sie zusammengefasst:

	Energie	Kohlenhy.	Eiweiss	Fett
1 Scheibe Toast = 25g	64,7kcal	12,2g	1,9g	0,8g
1 Scheibe Vollkornbrot = 30g	64,8kcal	10,8g	2,2g	0,4g
1 Scheibe Vollkorntoastbrot = 25g	60,2kcal	10,7g	2,1g	0,9g
1 Hamburger Brötchen = 40g	112,8kcal	20,0g	2,8g	2,4g

*Werte zum Teil gerundet!

Am besten gelingen Burger im Backofen bei Grillfunktion. Legen Sie dabei eine Alufolie unter. Es ist auch möglich, die Burger in einer antihaft-beschichteten Pfanne mit wenig Öl zu braten. Um fettsparend zu braten, sollten Sie die Pfanne leicht mit Öl aussprühen. Sehr gut eignet sich dazu ein Ölzerstäuber (siehe Kapitel 5 »Küchengeräte und Küchenhelfer«). Mengenangaben für Gewürze sind meist nicht angegeben, da es empfehlenswert ist individuell nach eigenem Geschmack zu würzen.

Thai Burger

1 Portion
Zubereitungszeit: 30 Minuten
Schwierigkeitsgrad: einfach

Zutaten

230g Hühnerbrustfilet, gehackt
20g Bohnensprossen
10g Mais, aus der Dose
1/4 rote Paprikaschote = 25g
5g frische Ingwerwurzel
Curry
Chiligewürz
Thailändische Gewürzmischung

Zubereitung

1 *Die Ingwerwurzel schälen und sehr fein schneiden oder mit einer Reibe raspeln.*

2 *Die Paprikaschote in kleine Würfel schneiden.*

3 *Alle Zutaten in einer Schüssel gut vermengen, nach Geschmack und Bedarf würzen und mit sauberen Händen zwei Burger daraus formen.*

4 *Die Burger entweder im Backofen mit Grillfunktion 15-20 Minuten grillen oder in einer beschichteten Pfanne beidseitig etwa 6 Minuten braten.*

Tipp: *Chiligewürz mit Bedacht verwenden.*

Nährwerte

ENERGIE	KOHLENHYDRATE	EIWEISS	FETT	MUF	BS	KOHLENHYDRATANTEIL
271 KCAL	2,6G	56,9G	2,6G	0,5G	1G	4%

Griechischer Burger

1 Portion
Zubereitungszeit: 30 Minuten
Schwierigkeitsgrad: einfach

Zutaten

230g Rindergehacktes, mager
3 schwarze Oliven
20g Feta Käse, 40% Fett i.Tr.
20g Zucchini
1 Eiklar
1 TL Oregano
rote Zwiebelscheiben, zum Garnieren

Zubereitung

1 *Die Oliven entkernen und fein schneiden.*

2 *Den Feta-Käse in kleine Würfel schneiden.*

3 *Alle Zutaten in einer Schüssel gut vermengen und zu einem großen oder zwei kleineren Burgern formen.*

4 *Diese in einer antihaft-beschichteten Pfanne bei mittlerer Hitze von jeder Seite 5-6 Minuten braten oder im Backofen bei Grillstufe 15-20 Minuten grillen.*

5 *Mit den rohen Zwiebelscheiben belegen und servieren.*

Tipp: *Genießen Sie diesen Burger auf Salatgurkenscheiben angerichtet oder versuchen Sie ihn anstatt mit Rindfleisch, zur Variation auch einmal mit Lammfleisch.*

Nährwerte

Energie	Kohlenhydrate	Eiweiss	Fett	MUF	BS	Kohlenhydratanteil
344 kcal	1,6g	57,2g	12,1g	0,6g	0,6g	1,9%

Forellenburger mit Broccoli

1 Portion
Zubereitungszeit: 35 Minuten
Schwierigkeitsgrad: mittel

Zutaten

- 200g Forellenfilet, geräuchert
- 100g Broccoli
- 20g Zwiebel
- 10g Meerrettich, gerieben
- 1 Eiklar
- 1 TL Zitronengras, frisch gehackt
- Pfeffer
- Kräutersalz

Zubereitung

1 *Den Broccoli in kochendem Wasser etwa 10 Minuten zugedeckt weich kochen. Anschließend fein schneiden.*

2 *Das Forellenfilet mit einer Gabel in Stücke zerkleinern, die Zwiebel fein zerhacken.*

3 *Alle Zutaten in einer Schüssel gut vermengen und zu zwei gleich großen Burgern formen.*

4 *Die Burger im Backofen bei Grillstufe 15 Minuten grillen oder in einer antihaft-beschichteten Bratpfanne beidseitig 6 Minuten braten. Anschließend auf Blattsalat servieren.*

Nährwerte

Energie	Kohlenhydrate	Eiweiss	Fett	MUF	BS	Kohlenhydratanteil
257 kcal	4,7g	46,5g	5,8g	5,2g	0,4g	7,3%

Apfel-Pflaumen Burger

1 Portion
Zubereitungszeit: 30 Minuten
Schwierigkeitsgrad: mittel

Zutaten

200g Rindergehacktes, mager
2 Dörrpflaumen
20g Mandeln, grob gehackt
20g Frühlingszwiebel
1 Eiklar
1 Apfelscheibe
1 Scheibe Schmelzkäse Light, 10% Fett i.Tr.
Pfeffer
Salz
einige Blätter Ruccola

Zubereitung

1 *Die Dörrpflaumen und die Frühlingszwiebel sehr fein schneiden.*

2 *Das Rinderhackfleisch in eine Schüssel füllen und mit Mandeln, Dörrpflaumen, Frühlingszwiebel und dem Eiklar gut vermengen.*

3 *Mit Salz und Pfeffer abschmecken und zu einem großen Burger formen.*

4 *Diesen auf ein ausreichend großes Stück Alufolie legen, die Apfelscheibe darauf legen und mit dem Schmelzkäse bedecken.*

5 *Den Burger – mit der Alufolie als Unterlage – auf die mittlere Schiene im Backofen legen und etwa 15 Minuten bei Grillstufe grillen.*

6 *Auf Ruccola-Salatblättern servieren.*

Tipp: *Die Kombination aus Pflaumen, Äpfeln und Käse macht diesen Burger wahrhaft zum Gedicht. Versuchen Sie ihn zur Abwechslung auch einmal mit Entenfleisch, das Sie einfach enthäuten und in einer Küchenmaschine zerkleinern (faschieren).*

Nährwerte

Energie	Kohlenhydrate	Eiweiss	Fett	MUF	BS	Kohlenhydratanteil
404 kcal	8,2g	54,8g	16,9g	2,5g	4,3g	8,1%

Cheeseburger

1 Portion
Zubereitungszeit: 30 Minuten
Schwierigkeitsgrad: einfach

Zutaten

- 230g Rindergehacktes, mager
- 1/4 Zwiebel = 25g
- 25g körniger Frischkäse, 10% Fett i.Tr.
- 25g Mozzarella Light, 10% Fett i.Tr.
- 1 Scheibe Schmelzkäse Light, 10 Fett i.Tr.
- 1 EL Petersiliengrün, frisch gehackt
- Pfeffer
- Kräutersalz
- Feldsalat, zum Garnieren

Zubereitung

1 *Die Zwiebel hacken und den Mozzarella in kleine Würfel schneiden.*

2 *Käse, Zwiebel und Hackfleisch in einer Schüssel gut vermengen, die Gewürze dazu geben und einen großen Burger daraus formen.*

3 *Den Burger auf ein großes Stück Alufolie legen, mit der Schmelzkäsescheibe bedecken und im Backofen bei Grillstufe etwa 15-20 Minuten grillen.*

4 *Den Feldsalat auf einem Teller verteilen und den Cheeseburger darauf anrichten. Warm servieren.*

Tipp: *Sie können vor dem Braten einen Esslöffel scharfen Senf unter der Schmelzkäsescheibe verstreichen um den Burger noch etwas zu verfeinern.*

Nährwerte

Energie	Kohlenhydrate	Eiweiss	Fett	MUF	BS	Kohlenhydratanteil
338 kcal	2,7g	61,4g	9,1g	0,5g	0,4g	3,2%

Hot-Chili Burger

1 Portion
Zubereitungszeit: 30 Minuten
Schwierigkeitsgrad: einfach

Zutaten

230g Rindergehacktes, mager
20g Zwiebel
20g rote Paprikaschote
10g Mais, aus der Dose
1 Chilischote
1 EL Petersilie, frisch gehackt
Kräutersalz

zum Garnieren
1 Tomatenscheibe
1 Zwiebelscheibe
1 großes Salatblatt
2 EL Sauerrahm, 10% Fett

Zubereitung

1 *Die Zwiebel und die Paprikaschote fein würfelig schneiden.*

2 *Die Chilischote entkernen und fein zerhacken.*

3 *Das Rinderhackfleisch in einer Schüssel mit allen anderen Zutaten gut vermengen und daraus zwei Burger formen.*

4 *Entweder im Backofen 15 Minuten bei Grillfunktion grillen oder in einer antihaft-beschichteten Bratpfanne beidseitig etwa 6 Minuten braten.*

5 *Die fertigen Burger auf einem großen Salatblatt anrichten und mit Sauerrahm, einer Tomaten- und einer Zwiebelscheibe garnieren.*

Tipp: *Chilis gibt es in großer Auswahl. Beginnen Sie mit einer milden Sorte, wie Jalapeño. Falls Sie Ihren Burger pikanter bevorzugen, greifen Sie beim nächsten Mal zu schärferen Chilis.*

Nährwerte

Energie	Kohlenhydrate	Eiweiss	Fett	MUF	BS	Kohlenhydratanteil
284 kcal	4,7g	54,3g	5,3g	0,5g	1,8g	6,6%

Sommerliche Grillgerichte

Grillen hat einen Hauch von Freiheit und Abenteuer: Das Feuer anzünden, das Fleisch brutzelt auf dem Grill, auf dem Balkon oder auf der Terrasse sitzen und das Essen genießen. An lauen Abenden steigen oft köstliche Düfte aus Nachbars' Garten empor und wecken den Wunsch auf eigenes Grillvergnügen. Vielfalt auf dem Grillrost ist angesagt! Versuchen Sie es doch einmal mit leckeren Grillspießen oder überraschen Sie Ihre Gaste mit selbst eingelegtem Fleisch. Die Grillmarinade und verschiedenste Kräuter und Gewürze spielen bei der Zubereitung eine ausschlaggebende Rolle und geben Ihren Grillspezialitäten eine besondere Note.

Verwenden Sie zum Wenden von Fleischstückchen stets eine Grillzange (keine Gabel), damit das Fleisch nicht durchstochen wird und der Fleischsaft nicht ausläuft. Außerdem ist es wichtig, das Grillgut nur einmal zu wenden damit es saftig bleibt. Natürlich bleibt es Ihnen überlassen, ob sie Ihr Grillgut direkt auf dem Grillrost oder lieber mittels einer Grilltasse grillen. Ersteres ist bekanntlich nicht so gesund aber dafür umso schmackhafter...

Die Zubereitungszeit der folgenden Grillgerichte bezieht sich eben nur auf diese. Also, ohne die Grillzeit. Je nach Art des Grills und der verwendeten Grillkohle ist die tatsächliche Grillzeit unterschiedlich und muss von jedem »Grillmeister« selbst herausgefunden werden. In etwa zutreffende Richtlinien für die Grilldauer sind in den Rezepten mit angegeben.

Lachspäckchen mit Gemüsegarnitur

1-2 Portionen
Zubereitungszeit: 8 Minuten
Schwierigkeitsgrad: einfach

Zutaten

200g Lachsfilet = 2 Stück
1 Tomate = 100g
1 Zwiebel = 100g
1 Knoblauchzehe
1 TL Rosmarin, frisch gehackt
einige Blätter Basilikum, frisch
Kräutersalz

Zubereitung

1 *Die Tomaten und die Zwiebel grob, die Knoblauchzehe in feine Würfel schneiden.*

2 *Die Lachsstückchen jeweils auf ein großes Stück Alufolie legen (auf die matte Seite) und mit dem Gemüse bedecken.*

3 *Mit den Kräutern und dem Kräutersalz bestreuen und in die Alufolie einschlagen. Die Folie sollte gut verschlossen sein, damit die Lachspäckchen schön saftig bleiben.*

4 *Die Lachspäckchen auf den heißen Grill legen und etwa 8-10 Minuten grillen.*

5 *Vorsicht beim Öffnen der Alufolie, da heißer Dampf entweicht!*

Tipp: *Versuchen Sie die Lachspäckchen zur Abwechslung auch mit anderem Gemüse und mit verschiedenen Gewürzen.*

Nährwerte

Energie	Kohlenhydrate	Eiweiss	Fett	MUF	BS	Kohlenhydratanteil
451 kcal	8,1g	42,2g	27,7g	5,4g	2,8g	7,2%

Gefüllte Lammsteaks

1-2 Portionen
Zubereitungszeit: 10 Minuten
Schwierigkeitsgrad: mittel

Zutaten

200g Lammsteak = 2 Stück
2 EL Olivenöl
1/2 Zwiebel = 50g
1 Knoblauchzehe
50g Schafskäse, 40% Fett i.Tr.
Pfeffer, frisch gemahlen
1 EL Thymian, frisch gehackt

Zubereitung

1 *Die Zwiebel sehr fein zerhacken, die Knoblauchzehe pressen und anschließend beide Zutaten mit Olivenöl, Thymian und Pfeffer in einer verschließbaren Schüssel vermengen.*

2 *Die Lammsteaks mindestens zwei Stunden (am besten über Nacht) zugedeckt in der Marinade ziehen lassen.*

3 *Die Lammsteaks aus der Marinade nehmen und mit einem scharfen Messer vorsichtig Taschen in die Steaks schneiden.*

4 *Den Schafskäse in kleine Würfel schneiden und mit der verbliebenen Marinade gut vermischen. Anschließend die Lammsteaks damit füllen. Mit Holzstäbchen oder besser mit einer Fleischnadel und Küchengarn (siehe Kapitel 5 »Küchengeräte und Küchenhelfer«) gut verschließen.*

5 *Die Steaks auf den Grill legen und etwa 10 Minuten grillen. Dabei nach halber Grillzeit wenden.*

Nährwerte

Energie	Kohlenhydrate	Eiweiss	Fett	MUF	BS	Kohlenhydratanteil
458 kcal	3,2g	50,7g	26,9g	0,6g	0,9g	2,8%

Balkan-Hackspieße

1-2 Portionen
Zubereitungszeit: 18 Minuten
Schwierigkeitsgrad: mittel

Zutaten

300g Rindergehacktes, mager
1/4 Zwiebel = 25g
1 Knoblauchzehe
6 Frühlingszwiebeln = 100g
1/2 rote Paprikaschote = 50g
6 Lorbeerblätter
1 EL Petersilie, frisch gehackt
1 TL Oregano, frisch gehackt

Zubereitung

1 *Die Zwiebel und die Knoblauchzehe sehr fein hacken, mit den Kräutern und dem Hackfleisch in einer Schüssel, am besten mit den Händen gut vermengen und anschließend zu 6 festen Bällchen formen. Zugedeckt etwas ruhen lassen.*

2 *Die Paprikaschote in 6 mundgerechte Stücke schneiden und im Wechsel mit Frühlinszwiebeln, Lorbeerblättern und Hackfleischbällchen auf 3 Spieße stecken*

3 *Die Spieße auf den Grillrost legen und 5-6 Minuten grillen. Danach mit einer Grillzange wenden und 4-5 Minuten weitergrillen.*

Tipp: *Gehen Sie vorsichtig beim Wenden der Spieße vor, damit sich das Hackfleisch nicht vom Spieß löst. Verwenden Sie Alufolie als Grillunterlage.*

Nährwerte

Energie	Kohlenhydrate	Eiweiss	Fett	MUF	BS	Kohlenhydratanteil
356 kcal	6,6g	67,5g	6,6g	0,5g	4,6g	7,4%

Schweinesteaks mit Zwiebelfüllung

1-2 Portionen
Zubereitungszeit: 10 Minuten
Schwierigkeitsgrad: mittel

Zutaten

250g Schweinesteak, mager = 2 Stück
1 Zwiebel = 100g
1 EL Dijon-Senf
1/2 TL Paprikapulver
1 TL Kümmel, gemahlen
Salz
Pfeffer
2 EL Olivenöl

Zubereitung

1 *Die Schweinesteaks mit einem spitzen Messer einschneiden, damit kleine Taschen entstehen.*

2 *Eine Marinade aus Olivenöl, Paprikapulver, Kümmel, Salz und Pfeffer zubereiten, die Steaks damit bestreichen und in einem verschlossenen Behälter mindestens 2 Stunden ziehen lassen.*

3 *Die Zwiebel ringelig schneiden.*

4 *Die Steaks aus der Marinade nehmen, die Taschen vorsichtig öffnen und mit Senf bestreichen. Die Zwiebelringe einfüllen und mit kleinen Holzstäbchen (Zahnstocher) oder mit einer Fleischnadel und Küchengarn verschließen.*

5 *Das Fleisch auf den Grill legen und auf beiden Seiten etwa fünf Minuten grillen.*

Nährwerte

ENERGIE	KOHLENHYDRATE	EIWEISS	FETT	MUF	BS	KOHLENHYDRATANTEIL
399 KCAL	5,1G	56,3G	17G	1,5G	1,8G	5,1%

Sizilianisches Grillhühnchen

2-3 Portionen
Zubereitungszeit: 8 Minuten
Schwierigkeitsgrad: einfach

Zutaten

500g Hühnerbruststücke (mit Haut)

Für die Marinade
abgeriebene Schale einer Zitrone
100ml Orangensaft
2 EL Olivenöl
2 frische Rosmarinzweige, zerkleinert
1 frische rote Chili, fein gehackt
2 schwarze Oliven, fein gehackt

Zubereitung

1 *Eine Marinade aus allen Marinadezutaten bereiten und die Hühnerbruststücke damit gut einreiben – auch unter der Haut, die sich zurückschieben lässt.*

2 *Anschließend die Hühnerbruststücke abgedeckt mindestens 2 Stunden, im Kühlschrank ziehen lassen.*

3 *Das Hühnchen auf den nicht zu tief liegenden Grillrost legen und mindestens 15 Minuten grillen. Dabei öfters wenden. Mit einem Spieß in die dickste Stelle stechen, tritt klarer Bratensaft aus, ist das Fleisch gar.*

Tipp: *Das Hühnchen kann in größeren Mengen zubereitet werden, da es auch kalt sehr lecker schmeckt.*

Nährwerte

Energie	Kohlenhydrate	Eiweiss	Fett	MUF	BS	Kohlenhydratanteil
899 kcal	9,9g	111,9g	45,8g	8,8g	0g	4,4%

Gegrillter Saibling mit Zitrone

1 Portion
Zubereitungszeit: 8 Minuten
Schwierigkeitsgrad: einfach

Zutaten

200g Saibling = 1 Stück
2 Lorbeerblätter
Kräutersalz
2 EL Zitronensaft
1 Zitrone
1 EL Petersilie, frisch gehackt

Zubereitung

1 *Den Saibling innen und außen salzen, die Lorbeerblätter in die Bauchhöhle des Fisches geben.*

2 *Die Zitrone in dünne Scheiben schneiden.*

3 *Ein Stück Alufolie auf der Arbeitsfläche ausbreiten und diese mit den Zitronenscheiben belegen. Darauf den Fisch legen, mit Zitronensaft beträufeln und mit Pfeffer und Petersilie bestreuen. Die Alufolie fest verschließen.*

4 *Bei mittlerer Grillhitze benötigt der Saibling etwa 20 Minuten Garzeit. Das Fleisch soll fest und von weißer Farbe sein.*

5 *Das verschlossene Fischpäckchen auf einem Teller anrichten und erst kurz vor dem Verzehr öffnen. Vorsicht: heißer Dampf entweicht!*

Tipp: *Durch das Grillen in der Alufolie bleibt der Saibling schön saftig und erhält einen erfrischenden Zitronengeschmack. Bitte darauf achten, dass die Folie gut verschlossen ist.*

Nährwerte

Energie	Kohlenhydrate	Eiweiss	Fett	MUF	BS	Kohlenhydratanteil
205 kcal	0g	39g	5,4g	2g	0g	0%

Garnelenspieße auf thailändische Art

1-2 Portionen
Zubereitungszeit: 12 Minuten
Schwierigkeitsgrad: mittel

Zutaten

300g Riesengarnelen = 8 Stück

Für die Marinade

1 Knoblauchzehe

Saft von einer Limette

1/2 TL Kardamom

1/2 TL Kreuzkümmel, gemahlen

1/2 TL Koriander, gemahlen

1/2 TL Cayennepfeffer

2 EL Sojaöl

Zubereitung

1 *Die Garnelen der Länge nach bis zum Schwanzende durchschneiden und aufklappen.*

2 *Die Knoblauchzehe in einer Presse pressen, mit den übrigen Marinadezutaten in einer Schüssel vermengen. Die Garnelen mit der Marinade einreiben und mindestens drei Stunden zugedeckt kühl lagern.*

3 *Jeweils 4 Garnelen mit den Enden auf zwei Holzspieße stecken, so dass sie eine Schmetterlingsähnliche Form erhalten. Die Garnelenspieße 6-8 Minuten grillen.*

Tipp: *Wenn Sie die Holzspieße vorher 20 Minuten in Wasser einweichen, lassen sich die Garnelen nach dem Grillen besser von den Spießen lösen.*

Nährwerte

ENERGIE	KOHLENHYDRATE	EIWEISS	FETT	MUF	BS	KOHLENHYDRATANTEIL
392 KCAL	5,3G	56,3G	16,2G	8,1G	0G	5,4%

Geflügelspieße mit Zitrusaromen

2 Portionen
Zubereitungszeit: 15 Minuten
Schwierigkeitsgrad: mittel

Zutaten

150g Putenbrustfilet
100g Entenbrustfilet
1/2 rote Zwiebel = 50g
1/4 Aubergine = 50g
1/4 Zucchini = 50g

Für die Marinade
abgeriebene Schale und Saft von 1/2 Zitrone
abgeriebene Schale und Saft von 1/2 Limette
abgeriebene Schale und Saft von 1/2 Orange
1 Knoblauchzehe
1 TL Oregano
2 EL Olivenöl
1 Spritzer Tabasco

Zubereitung

1 *Die Fleischstücke und das Gemüse in mundgerechte Stücke schneiden und in eine Schüssel füllen.*

2 *Die Knoblauchzehe zerpressen und mit den anderen Dressingzutaten in einem Shaker (Schüttelbecher) gut durchschütteln.*

3 *Die Marinade über das Fleisch und die Gemüsezutaten in die Schüssel gießen. Die Schüssel verschließen und 1 Stunde im Kühlschrank ziehen lassen.*

4 *Die Zutaten abwechselnd auf Holzspieße stecken und 15-20 Minuten grillen.*

Nährwerte

ENERGIE	KOHLENHYDRATE	EIWEISS	FETT	MUF	BS	KOHLENHYDRATANTEIL
570 KCAL	15G	57,2G	31,2G	4,7G	6,9G	10,5%

Gegrilltes Gemüseragout

1 Portion
Zubereitungszeit: 10 Minuten
Schwierigkeitsgrad: einfach

Zutaten

1/4 Zucchini = 50g
1/2 rote Paprikaschote = 50g
1/2 gelbe Paprikaschote = 50g
1/2 Zwiebel = 50g
1 TL Oregano, frisch gehackt
1 TL Schnittlauch, frisch gehackt
1 EL Olivenöl

Zubereitung

1 *Das Gemüse in mundgerechte Stücke schneiden, auf ein Stück Alufolie legen und mit den Kräutern bestreuen. Anschließend mit Öl beträufeln und die Folie gut verschließen.*

2 *Das Gemüse benötigt etwa 10 Minuten Grillzeit.*

Tipp: *Natürlich können Sie sowohl die Gemüsesorten als auch die Kräuter variieren.*

Nährwerte

Energie	Kohlenhydrate	Eiweiss	Fett	MUF	BS	Kohlenhydratanteil
162 kcal	8g	4,6g	12,4g	1,2g	4,8g	19,8%

Die folgenden Saucen und Dipps eignen sich hervorragend als Beilage für verschiedenste Fleisch-, Fisch- und Geflügelgerichte. Oder auch als kohlenhydratarme Grillbeilage.

Alle Saucen und Dipps sind in etwa für zwei Personen berechnet. Auf die Zugabe von Salz habe ich überwiegend verzichtet. Natürlich kann je nach Geschmack Salz bzw. Kräutersalz beigegeben werden – das können Sie am besten selbst entscheiden.

SAUCEN & DIPPS

Pikanter Joghurt-Dipp

1-2 Portionen
Zubereitungszeit: 5 Minuten
Schwierigkeitsgrad: einfach

Zutaten

200g Joghurt, 1,5% Fett
1/4 Zwiebel = 25g
1 frische rote Chili
1 EL Koriander, frisch gehackt
1 EL Minze, frisch gehackt
1 TL Kümmel, gemahlen
1 TL Zitronensaft

Zubereitung

1 *Die Zwiebel sehr fein hacken, die Chili entkernen und ebenso fein hacken.*

2 *Mit allen übrigen Zutaten in einer verschließbaren Schüssel vermengen und bis zur Verwendung zugedeckt kalt stellen.*

Tipp: *Vorsicht scharf!*

Nährwerte

Energie	Kohlenhydrate	Eiweiss	Fett	MUF	BS	Kohlenhydratanteil
91 kcal	9g	7g	3g	0g	0,4g	39,6%

Schnittlauch-Koriander Dipp

1-2 Portionen
Zubereitungszeit: 6 Minuten
Schwierigkeitsgrad: mittel

Zutaten

200g körniger Frischkäse, 10% Fett i.Tr.
1 TL Safranfäden
2 EL Koriander, frisch gehackt
1 EL Schnittlauch, frisch gehackt
Pfeffer
frische Korianderzweige, zum Garnieren
1 EL heißes Wasser

Zubereitung

1 *Das heiße Wasser in eine kleine Schale geben, die Safranfäden mit den Fingern zerdrücken und im Wasser 3-4 Minuten einweichen, bis dieses eine goldgelbe Farbe angenommen hat.*

2 *Den Frischkäse mit dem Safranwasser glatt rühren.*

3 *Koriander und Schnittlauch dazu geben, alles noch einmal gut durchmengen, mit Pfeffer würzen und mit Korianderzweigen garnieren.*

Nährwerte

Energie	Kohlenhydrate	Eiweiss	Fett	MUF	BS	Kohlenhydratanteil
166 kcal	6,3g	25,4g	4,4g	0g	0g	15,2%

Tomaten-Kräutersauce

1-2 Portionen
Zubereitungszeit: 8 Minuten
Schwierigkeitsgrad: einfach

Zutaten

3 Tomaten = 300g
1/4 gelbe Paprikaschote = 25g
1/4 rote Zwiebel = 25g
1 Knoblauchzehe
2 EL Basilikum, frisch gehackt
1 TL Oregano, frisch gehackt

Zubereitung

1 *Die Zwiebel und die Paprika fein hacken und die Knoblauchzehe zerpressen.*

2 *Die Tomaten mit einem Pürierstab pürieren.*

3 *Alle Zutaten in eine Schüssel füllen, die Kräuter dazu geben und verrühren.*

4 *Bis zur Verwendung verschlossen im Kühlschrank aufbewahren.*

Tipp: *Sehr einfach und schnell gelingt die Zubereitung in einem manuellen oder elektrischen Zerkleinerer (s. Kapitel 5 »Küchengeräte und Küchenhelfer«). Einfach alle Zutaten in die Maschine füllen, 2 Minuten reiben – fertig.*

Nährwerte

Energie	Kohlenhydrate	Eiweiss	Fett	MUF	BS	Kohlenhydratanteil
58 kcal	10,2g	3,7g	0,3g	0,3g	4,4g	70%

Gurken-Raita

1-2 Portionen
Zubereitungszeit: 8 Minuten
Schwierigkeitsgrad: einfach

Zutaten

1/4 Salatgurke = 100g
Salz
150g Joghurt, 0,5% Fett
1 Msp. Chilipulver

Zubereitung

1 *Die Gurke schälen und die Samen mit einem kleinen Löffel herausschaben.*

2 *Das Fruchtfleisch mit einer groben Gurkenraspel raspeln und salzen, 5 Minuten ruhen lassen und anschließend das Gurkenfruchtfleisch mit sauberen Händen ausdrücken.*

3 *Das Joghurt in eine Schüssel füllen, mit den geraspelten Gurken vermengen und das Chilipulver untermengen.*

4 *Etwa 1 Stunde zugedeckt kühl stellen.*

Tipp: *Schmeckt hervorragend zu asiatischen Gerichten.*

Nährwerte

ENERGIE	KOHLENHYDRATE	EIWEISS	FETT	MUF	BS	KOHLENHYDRATANTEIL
59 KCAL	8,1G	5,8G	0,4G	0,1G	0,5G	54,9%

Cremiger Ruccola-Dipp

1-2 Portionen
Zubereitungszeit: 5 Minuten
Schwierigkeitsgrad: einfach

Zutaten

100g Ruccola
100g Frischkäse mit Kräutern, 20% Fett i.Tr.
1 EL Olivenöl
100g Joghurt, 0,5% Fett
Pfeffer

Zubereitung

1 *Den Ruccola waschen, grob hacken und in ein hohes Mixgefäß füllen.*

2 *Alle anderen Zutaten dazu geben und mit einem Pürierstab gut durchmixen.*

3 *Den fertigen Dipp in einer kleinen Schüssel anrichten und mit 2 kleinen Ruccolablättern garnieren.*

Tipp: *Der Dipp kann in einem gut verschließbaren Gefäß durchaus einige Tage lang im Kühlschrank aufbewahrt werden.*

Nährwerte

Energie	Kohlenhydrate	Eiweiss	Fett	MUF	BS	Kohlenhydratanteil
165 kcal	7,5g	16,7g	7,6g	0,3g	0g	18,2%

Desserts

Bei Rezepten der Sparte »Desserts« benutze ich oftmals verschiedene Proteinpulver als Ersatz für Mehl. Proteipulver eignet sich meinen Erfahrungen nach vorzüglich für Torten, Kuchenböden oder Pfannkuchen. Bitte achten Sie auf die exakten Mengenangaben von Wheyprotein-Isolat 90% (z.B. ISO-TECH 94 von ALL STARS, www.all-stars.de) und Milcheiweiß (Proteinpulver 85%, z.B. HY-PRO 85 von ALL STARS), da sich die unterschiedlichen Proteinarten verschieden in Flüssigkeit auflösen und es wichtig ist, dass die Teigmassen die richtige Konsistenz erhalten.

Auch wenn der Geschmack nicht immer mit herkömmlichen »dickmachenden« Backwaren zu vergleichen ist, bzw. Gäste oder Freunde den Geschmack Ihrer kohlenhydratarmen Süßspeisen als »gewöhnungsbedürftig« bezeichnen, sind diese eine leichte und gesunde Alternative.

Bei der »Metabolen Diät« müssen Sie nicht auf leckere Süßspeisen verzichten! Sie sind eine schmackhafte Abwechslung zu pikanten Fleisch-, Fisch- und Eiergerichten. Und ich meinerseits bevorzuge es, wenn ich mich nach dem Genuss von Kuchen und Süßem nicht schwerfällig und müde fühle.

Saftiger Mohnkuchen

2-3 Portionen
Zubereitungszeit: 15 Minuten (+ 20 Min. Backzeit)
Schwierigkeitsgrad: einfach

Zutaten

7 Eiklar

1 ganzes Ei

80g Mohn, gemahlen

200g Magerquark

2 EL = 20g Wheyprotein-Isolat 90%, Vanillegeschmack

100ml Wasser

1 EL Süßstoff, flüssig

Zubereitung

1 *Die Eiklar mit einem Handmixer in einem Rührgefäß zu steifem Eischnee schlagen.*

2 *Den Magerquark, das Ei, den Süßstoff, das Wasser und das Wheyprotein mit dem Handmixer cremig rühren.*

3 *Den Mohn dazu rühren und zum Schluss den Eischnee mit einem großen Löffel oder einer Teigspachtel unterheben.*

4 *Eine Kastenform mit Backpapier auslegen und die Teigmasse einfüllen. Im 180°C heißen Backrohr etwa 20 Minuten backen.*

Tipp: *Um sicher zu gehen, dass der Kuchen durchgebacken ist, sticht man mit einer Stricknadel in den heißen Teig: Bleibt die Nadel trocken und keine Teigmasse an ihr haften, ist der Kuchen fertig. Klebt noch Teig an der Nadel, so benötigt der Kuchen noch etwas Backzeit.*

Nährwerte

Energie	Kohlenhydrate	Eiweiss	Fett	MUF	BS	Kohlenhydratanteil
805 kcal	10,3g	96,9g	41,8g	27,2g	16,4g	5,1%

Frischkäsequark mit Himbeeren

1 Portion
Zubereitungszeit: 5 Minuten
Schwierigkeitsgrad: einfach

Zutaten

100g Magerquark
100g körniger Frischkäse, 10% Fett i.Tr.
100g Joghurt, 0,5% Fett
100g Himbeeren
Süßstoff, flüssig

Zum Garnieren
abgeriebene Schale einer halben Zitrone
Melisseblätter

Zubereitung

1 *Frischkäse, Quark und Joghurt in einer Schüssel verrühren und nach Geschmack Süßstoff dazu geben.*

2 *Die Himbeeren vorsichtig darunter mengen.*

3 *Die Masse in eine Müslischale füllen und mit zerkleinerten Melissenblättern und abgeriebener Zitronenschale garnieren.*

Tipp: *Dieses schnell zubereitete Dessert schmeckt natürlich auch mit anderen Früchten.*

Nährwerte

Energie	Kohlenhydrate	Eiweiss	Fett	MUF	BS	Kohlenhydratanteil
224 kcal	15,2g	31g	4,3g	0,1g	4,7g	27,1%

Raffaelo Schnitten

3-4 Portionen
Zubereitungszeit: 25 Minuten (+ 20 Min. Backzeit)
Schwierigkeitsgrad: mittel

Zutaten

5 EL = 50g Proteinpulver 85%, Schokogeschmack
5 EL = 50g Wheyprotein-Isolat 90%, Schokogeschmack
3 Eiklar
200ml Wasser
50g Kokosraspeln
300g Magerquark
50g Sauerrahm, 10% Fett
1 Fläschchen Rum-Backaroma
1 EL Süßstoff, flüssig

Zubereitung

1 *Die Eiklar mit einem Mixgerät zu steifem Schnee schlagen, zur Seite stellen.*

2 *In einer Rührschüssel mit einem Handmixer das Proteinpulver, Wheyprotein und Wasser gut durchmixen und danach 100g von dem Magerquark dazu rühren*

3 *Das geschlagene Eiklar mit einem großen Löffel vorsichtig darunter mischen.*

4 *Ein Backblech mit Backpapier belegen und die fertige Masse etwa 2cm dick aufstreichen.*

5 *Im Backrohr auf mittlerer Ebene bei 180°C etwa 20 Minuten backen.*

6 *In der Zwischenzeit den restlichen Magerquark und den Sauerrahm in einer Schüssel verrühren, den Süßstoff, das Rumaroma und die Kokosraspel dazu rühren.*

7 *Den fertig gebackenen Kuchen etwas abkühlen lassen, fingerdick mit der Creme bestreichen und mindestens eine Stunde kalt stellen.*

8 *Den Kuchen in beliebig große Schnitten schneiden.*

Nährwerte

ENERGIE	KOHLENHYDRATE	EIWEISS	FETT	MUF	BS	KOHLENHYDRATANTEIL
925 KCAL	19,7G	141,4G	31,2G	1,3G	7,2G	8,5%

Schokocreme mit Minzesauce

1-2 Portionen
Zubereitungszeit: 15 Minuten (+ 1 Std. Frostzeit)
Schwierigkeitsgrad: mittel

Zutaten

4 Eiklar
3 EL = 30g Proteinpulver 85%, Schokogeschmack

Für die Minzesauce
100ml Milch, 0,3% Fett
2 EL = 20g Wheyprotein-Isolat 90%, Vanillegeschmack
1 Eidotter
10g Minzeblätter, frisch

Zubereitung

1 *Die 4 Eiklar in einer Rührschüssel mit dem Handmixer etwa 2 Minuten schlagen. Nach und nach das Proteinpulver dazu geben und die Masse 1-2 Minuten weiter rühren bis eine softe Schokocreme entsteht. Diese im Tiefkühler 30-60 Minuten kalt stellen (frosten).*

2 *Die Milch in einem kleinen Kochtopf kurz aufkochen, von der Herdplatte nehmen und die Minzeblätter dazu geben. Zugedeckt 10 Minuten ziehen lassen. Danach die Minzeblätter entfernen und die Milch erkalten lassen.*

3 *Den Dotter und das Wheyprotein mit einem Schneebesen oder Handmixer glatt rühren und anschließend die Minzemilch dazu rühren.*

4 *Die gefrostete Schokocreme in eine Dessertschale füllen und mit der Minzesauce übergießen.*

Tipp: *Für die Dekoration 2-3 Kirschen durch ungeschlagenes Eiklar ziehen und mit gehackten Minzeblättern bestreuen.*

Nährwerte

Energie	Kohlenhydrate	Eiweiss	Fett	MUF	BS	Kohlenhydratanteil
358 kcal	6,9g	65g	7,8g	0,9g	0g	7,7%

Zitrusbaiser mit Minze-Erdbeeren

2 Portionen
Zubereitungszeit: 20 Minuten (+ 3 Std. Back- bzw. Trockenzeit)
Schwierigkeitsgrad: mittel

Zutaten

6 Eiklar

6 EL = 60g Wheyprotein-Isolat 90%, Vanillegeschmack

200g Erdbeeren

Schale und Saft von einer halben Zitrone

2 EL Minze, gehackt

Zubereitung

1 *Das Eiklar mit dem Wheyprotein in eine Rührschüssel füllen und mit einem Mixer steif schlagen. Zum Schluss die Zitronenschale unterheben.*

2 *Die Masse in einen Spritzsack mit einer Sterntülle füllen, auf ein mit Backpapier belegtes Blech 6 handtellergrosse Kreise spritzen und diese im Backofen bei 75°C etwa 3 Stunden backen (trocknen) lassen.*

3 *Die Erdbeeren in Stücke schneiden, in einer Schüssel vorsichtig mit Zitronensaft und Minze verrühren und anschließend mindestens 10 Minuten stehen lassen.*

4 *Den Erdbeersalat auf die erkalteten Baiserteller legen und genießen.*

Tipp: *Trinken Sie dazu Wasser, da die Baiser ohne Flüssigkeit etwas klebrig sind.*

Nährwerte

Energie	Kohlenhydrate	Eiweiss	Fett	MUF	BS	Kohlenhydratanteil
436 kcal	11,7g	92,6g	2,1g	2,4g	3,2g	10,7%

Triple-Protein Pancakes

2 Portionen
Zubereitungszeit: 15 Minuten
Schwierigkeitsgrad: einfach

Zutaten

3 Eiklar
1 ganzes Ei
250ml Wasser
3 EL = 30g Proteinpulver 85%, Vanillegeschmack
2 EL = 20g Wheyprotein-Isolat 90%, Vanillegeschmack
10g Butter
200g Magerquark
50g Erdbeeren
Zimt
Süßstoff, flüssig

Zubereitung

1 *Das Ei, Eiklar, Proteinpulver und Wasser in einem Standmixer 1-2 Minuten gut mixen.*

2 *Die Butter in einer antihaftbeschichteten Bratpfanne zerfließen lassen und aus dem Teig 3-4 handtellergroße »Pancakes« backen.*

3 *Die Erdbeeren klein schneiden und in einer Schüssel mit dem Magerquark und dem Süßstoff vermengen.*

4 *Die Pancakes auf einem Teller anrichten und mit der Quarkcreme bestreichen. Anschießend mit Zimt bestreuen und servieren.*

Nährwerte

Energie	Kohlenhydrate	Eiweiss	Fett	MUF	BS	Kohlenhydratanteil
510 kcal	10,4g	88,9g	12,5g	0,9g	0g	8,2%

Erdbeer-Joghurt Kuchen

4-5 Portionen
Zubereitungszeit: 40 Minuten (+ 2 Std. Kühlzeit)
Schwierigkeitsgrad: aufwendig

Zutaten

10 EL = 100g Wheyprotein-Isolat 90%, Schokogeschmack
10 EL = 100g Proteinpulver 85%, Schokogeschmack
2 ganze Eier
8 Eiklar
200g Magerquark
500g Joghurt, 0,5% Fett
200g Erdbeeren, püriert
8 Blatt Gelatine
1 Pkg. Tortengelee
2 EL Süßstoff, flüssig
200ml Wasser

Zubereitung

1 *Die 8 Eiklar mit einem Mixer zu steifem Schnee schlagen und zur Seite stellen.*

2 *In einer großen Rührschüssel das Proteinpulver, Wheyprotein, die Eier und 200ml Wasser verrühren bis eine cremige Masse entsteht – bei Bedarf noch etwas Wasser dazu geben.*

3 *Den Eischnee mit einem großen Löffel vorsichtig unterheben.*

4 *Die fertige Kuchenmasse auf ein mit Backpapier ausgelegtes Backblech daumendick aufstreichen. Bei 180°C auf mittlerer Ebene 20 Minuten backen.*

5 *Für die Creme den Magerquark und das Joghurt mit 1 EL Süßstoff mit dem Handmixer in einer Schüssel verrühren.*

6 *Die Gelatineblätter auflösen (siehe Kapitel 3 »Schnell und einfach Kochen von A-Z«), unter Rühren der Masse zugeben und den abgekühlten Kuchen gleichmäßig damit bestreichen.*

7 *In einem Kochtopf das Tortengelee mit den pürierten Erdbeeren verrühren. 1 EL Süßstoff und 200ml Wasser dazu geben. Die Mischung zum Kochen bringen und 1 Minute schwach kochen lassen, dabei umrühren. Die Erdbeersauce etwas abkühlen lassen und dann vorsichtig auf der Joghurtcreme verteilen.*

8 *Den Kuchen mindestens 2 Stunden kalt stellen und danach in Stücke schneiden.*

Nährwerte

ENERGIE	KOHLENHYDRATE	EIWEISS	FETT	MUF	BS	KOHLENHYDRATANTEIL
1417 KCAL	48,2G	260,5G	20,2G	4G	3,2G	13,6%

Low Carb Rezepte
für die Metabole Diät

Eis

An heißen Tagen gibt es nichts, was mehr Genuss bereitet als ein kalt genossenes Eis. Ich habe mir dafür extra eine Eismaschine gekauft. Sie ist einfach zu bedienen und man kann damit leckeres, gesundes und vor allem kohlenhydratarmes Eis herstellen.

Eine Eismaschine (siehe Abbildung in Kapitel 5 »Küchengeräte und Küchenhelfer«) ist sinnvoll um die Bildung größerer Eiskristalle zu verhindern. Die Grundmischung muss gut gemixt werden. So bringt man auch gleichzeitig Luft in die Masse, die das Eis lockerer macht. Die Zutaten für Eis, dass in der Eismaschine zubereitet wird, sollten Kühlschranktemperatur haben. Eine zu warme Masse erwärmt die im Behälter gespeicherte Kälte zu schnell und das Eis gelingt dann nicht. Süßungsmittel sowie Aromen sollten Sie nicht zu sparsam verwenden, sie schmecken eiskalt weniger intensiv.

Falls Sie keine Eismaschine besitzen und sich auch keine anschaffen möchten, können Sie das selbstgemachte Eis auch in kleine, spezielle Eisformen (siehe Abbildung in Kapitel 5) füllen. Das Eis wird zwar aufgrund der Eiskristalle – die sich in den Eisformen bilden – nicht so locker wie in der Eismaschine, aber es schmeckt dennoch gut. Die Förmchen kann man auch verwenden, wenn in der Maschine gemachtes Eis übrig bleibt oder Sie Eiscreme auf Vorrat herstellen möchten. Bitte achten Sie jedoch darauf, das selbstgemachte Eis nicht zu lange aufzubewahren, da es an Geschmack verliert je länger es tiefgekühlt lagert.

Blueberry-Buttermilk Icecream

3 Portionen
Zubereitungszeit: 5 Minuten (ohne Kühlzeit)
Schwierigkeitsgrad: einfach

Zutaten

150g Blaubeeren, Tgk.
200ml Buttermilch
200ml Wasser
1 ganze Ei
3 EL = 30g Wheyprotein-Isolat 90%, Vanillegeschmack
2 EL = 20g Proteinpulver 85%, geschmacksneutral
1 TL Süßstoff, flüssig

Zubereitung

1 *Alle Zutaten in einem Standmixer 2 Minuten mixen.*

2 *Die Eismaschine einschalten und die Masse eingießen. Wenn das Eis die gewünschte Konsistenz erreicht hat in Eisschalen portionieren und genießen.*

Nährwerte

Energie	Kohlenhydrate	Eiweiss	Fett	MUF	BS	Kohlenhydratanteil
398 kcal	18,9g	58,5g	9,8g	1g	7,4g	19%

Fruchteis

4 Portionen
Zubereitungszeit: 6 Minuten (ohne Kühlzeit)
Schwierigkeitsgrad: einfach

Zutaten

500g Joghurt, 0,5% Fett
100ml Wasser
150g Himbeeren, Tgk.
abgeriebene Schale einer Orange
4 EL = 40g Proteinpulver 85%, Erdbeer-Bananengeschmack
3 EL = 30g Wheyprotein-Isolat 90%, Vanillegeschmack
1 TL Süßstoff, flüssig
1 TL Zitronensäure

Zubereitung

1 *Alle Zutaten in einen Standmixer geben und auf höchster Stufe 2 Minuten mixen.*

2 *Die Eismaschine einschalten und die cremige Masse eingießen. Sobald das Eis die gewünschte Konsistenz erreicht hat in Eisschalen portionieren und genießen.*

Tipp: *Zitronensäure ist im gut sortierten Lebensmittelhandel in der Backwarenabteilung erhältlich.*

Nährwerte

ENERGIE	KOHLENHYDRATE	EIWEISS	FETT	MUF	BS	KOHLENHYDRATANTEIL
456 KCAL	32,2G	76,1G	2,5G	7,2G	7,1G	28%

Coconut-Milk Eis

3-4 Portionen
Zubereitungszeit: 6 Minuten (ohne Kühlzeit)
Schwierigkeitsgrad: einfach

Zutaten

200ml Kokosmilch, fettreduziert
10g Kokosflocken
100g Magerquark
200ml Wasser
3 EL = 30g Wheyprotein-Isolat 90%, Vanillegeschmack
3 EL = 30g Proteinpulver 85%, Kokosgeschmack

Zubereitung

1 *Alle Zutaten in einen Standmixer füllen und auf höchster Stufe 2 Minuten mixen.*

2 *Die Eismaschine einschalten, die Masse eingießen und nach Erreichen der gewünschten Konsistenz in Eisschalen portionieren. Sofort genießen.*

Tipp: *Achten Sie darauf, dass die Zutaten gut gekühlt sind. Je kühler diese sind, desto besser und vor allem schneller gelingt das Eisdessert.*

Nährwerte

Energie	Kohlenhydrate	Eiweiss	Fett	MUF	BS	Kohlenhydratanteil
491 kcal	11,2g	66,5g	20g	0g	2,4g	9,1%

Schoko-Nuss Eis

4 Portionen
Zubereitungszeit: 8 Minuten (ohne Kühlzeit)
Schwierigkeitsgrad: einfach

Zutaten

- 100g Magerquark
- 100g QimiQ Sahnebasis, fettreduziert
- 200ml Milch, 0,3% Fett
- 200ml Wasser
- 3 EL = 30g Wheyprotein-Isolat 90%, Schokogeschmack
- 3 EL = 30g Proteinpulver 85%, Schokogeschmack
- 20g Haselnüsse, gerieben
- 1 TL Süßstoff, flüssig

Zubereitung

1 *Die Sahnebasis (QimiQ) und den Magerquark in eine Rührschüssel füllen und mit einem Handmixer eine Minute aufschlagen.*

2 *Mich, Wasser, Proteinpulver und das Wheyprotein-Isolat in einem Standmixer eine Minute mixen.*

3 *Die Magerquark-Mischung, die Haselnüsse und den Süßstoff dazu geben. Anschließend noch einmal aufmixen.*

4 *Die Eismaschine einschalten, die Masse eingießen und sobald das Eis die gewünschte Konsistenz erreicht hat portionieren und genießen.*

Nährwerte

Energie	Kohlenhydrate	Eiweiss	Fett	MUF	BS	Kohlenhydratanteil
665 kcal	21,9g	78,6g	29,2g	1,5g	0g	13,2%

Erdbeer-Quark Eis

3 Portionen
Zubereitungszeit: 5 Minuten (ohne Kühlzeit)
Schwierigkeitsgrad: einfach

Zutaten

250g Magerquark
200g Erdbeeren, Tgk.
300ml Wasser
2 EL = 20g Wheyprotein-Isolat 90%, Vanillegeschmack
2 EL = 20g Wheyprotein-Isolat 90%, Erdbeergeschmack
1 TL Süßstoff, flüssig

Zubereitung

1 *Alle Zutaten in einem Standmixer 2 Minuten mixen.*

2 *Die Eismaschine einschalten und die Masse eingießen. Sobald das Eis die gewünschte Konsistenz erreicht hat in Eisschalen portionieren und genießen.*

Nährwerte

Energie	Kohlenhydrate	Eiweiss	Fett	MUF	BS	Kohlenhydratanteil
374 kcal	19,4g	69,8g	1,9g	0,4g	3,2g	20,7%

Fruchtiger Minerallutscher

1 Portion
Zubereitungszeit: 1 Minute (ohne Kühlzeit)
Schwierigkeitsgrad: einfach

Zutaten

1 EL Mineraldrink-Konzentrat
(z.B. MINERAL PLEX, www.all-stars.de)

Wasser

Zubereitung

1 *Das Mineraldrink-Konzentrat in eine Eisform (siehe Kapitel 5 »Küchengeräte und Küchenhelfer«) gießen.*

2 *Wasser dazu gießen bis die Eisform ganz gefüllt ist.*

3 *Die Eisform verschließen, gut schütteln und im Tiefkühler einfrieren.*

Tipp: *Mineraldrink-Konzentrate gibt es in den unterschiedlichsten Geschmacksrichtungen. Dieses Eis liefert zwar ausschließlich Kohlenhydrate, da der Kohlenhydratgehalt jedoch derart gering ist, können Sie es durchaus gelegentlich als süßen Snack während Ihrer Low-Carb Diät genießen.*

Nährwerte

Energie	Kohlenhydrate	Eiweiss	Fett	MUF	BS	Kohlenhydratanteil
27 kcal	6,7g	0g	0g	0g	0g	100%

ZELL-TECH Sorbet

1 Portion
Zubereitungszeit: 1 Minute
Schwierigkeitsgrad: einfach

Zutaten

1 EL = 10g ZELL TECH Pulver (www.all-stars.de)
Wasser

Zubereitung

1 *Das ZELL TECH Pulver in eine verschließbare Eisform (s. Kapitel 5 »Küchengeräte und Küchenhelfer«) füllen.*

2 *Wasser dazu gießen bis die Eisform ganz gefüllt ist.*

3 *Die Eisform verschließen, gut schütteln und im Tiefkühler einfrieren.*

Tipp: *Ein wahres »Energy-Ice«, ideal nach körperlicher Anstrengung.*

Nährwerte

Energie	Kohlenhydrate	Eiweiss	Fett	MUF	BS	Kohlenhydratanteil
33 kcal	8g	0,3g	0g	0g	0g	100%

Low Carb Rezepte
für die Metabole Diät

Muffins

Leckere Muffins lassen sich mit den verschiedensten Protein- und Wheyproteinpulvern zubereiten. Beachten Sie bitte die Rezeptvorgaben bezüglich des Verhältnisses von Proteinpulver 85% und Wheyprotein-Isolat 90%. Diese beiden Proteinpulver lösen sich sehr unterschiedlich in Flüssigkeit auf. Um eine Klumpenbildung zu vermeiden, empfehle ich Ihnen, sich genau an die Mengenvorgaben zu halten.

Aus einer Teigmenge entstehen 6 Stück Muffins. Zum Backen benötigen Sie spezielle Muffinförmchen (beschrieben in Kapitel 3 u. 5). Am besten eignen sich Silikon-Backformen, da an diesen kein Teig kleben bleibt. Die Silikonförmchen müssen vor dem Einfüllen der Teigmasse lediglich mit kaltem Wasser ausgespült werden.

Bereiten Sie mehrere verschiedene Muffins in einem Arbeitsgang zu: Während die erste Portion im Backofen backt, können Sie die nächste Teigmasse zubereiten. Daher ist es von Vorteil, wenn Sie mehrere Backförmchen besitzen. Die Zubereitungszeit der Muffins ist jeweils ohne die Backzeit angegeben.

Alle Muffins werden im Backofen sehr gut aufgehen und anschließend – nach dem Abkühlen – leider etwas von ihrer schönen Form verlieren. Lassen Sie sich dadurch nicht abschrecken, schmecken werden die gesunden, süßen Leckereien trotzdem und sie eignen sich sehr gut zum Mitnehmen als Snack für zwischendurch.

Apfel-Zimt Muffins

1-2 Portionen
Zubereitungszeit: 8 Minuten
Schwierigkeitsgrad: mittel

Zutaten

1/2 kleiner Apfel = 50g
100g Magerquark
2 Eiklar
1 ganzes Ei
40ml Wasser
2 EL = 20g Proteinpulver 85%, Vanillegeschmack
1 TL Zimt
1/2 TL Süßstoff, flüssig

Zubereitung

1 *Den Apfel in kleine Stücke schneiden.*

2 *Die 2 Eiklar in einem Rührgefäß mit dem Handmixer zu steifem Eischnee schlagen.*

3 *In einer anderen Schüssel das Ei, den Magerquark, Zimt, Süßstoff und das Wasser mit dem Handmixer etwa eine Minute lang schaumig rühren. Anschließend das Proteinpulver dazu geben und noch einmal gut durchmixen.*

4 *Den Eischnee und die Apfelstückchen zum Schluss mit einem großen Löffel oder einer Teigspachtel vorsichtig unterheben.*

5 *Die Teigmasse in Muffinförmchen füllen und etwa 15 Minuten bei 180°C backen.*

6 *Die gebackenen Muffins auskühlen lassen und vorsichtig aus den Förmchen stürzen.*

Tipp: *Apfel-Zimt Muffins schmecken am besten lauwarm – sie zergehen richtig auf der Zunge.*

Nährwerte

Energie	Kohlenhydrate	Eiweiss	Fett	MUF	BS	Kohlenhydratanteil
291 kcal	9,7g	45,7g	7,7g	1,5g	0g	13,3%

Banana-Peanut Muffins

1-2 Portionen
Zubereitungszeit: 5 Minuten
Schwierigkeitsgrad: mittel

Zutaten

40g Erdnussmus
100ml Milch, 0,3 % Fett
3 Eiklar
1 1/2 EL = 15g Wheyprotein-Isolat 90%, Schokogeschmack
2 EL = 20g Proteinpulver 85%, Bananengeschmack

Zubereitung

1 *Die Eiklar in einem Rührbehälter mit dem Handmixer zu steifem Eischnee schlagen.*

2 *Die Milch in ein anderes Rührgefäß gießen und mit dem Erdnussmus gut vermixen.*

3 *Das Proteinpulver und das Wheyprotein dazu geben, cremig rühren. Zum Schluss mit einem Löffel oder einer Teigspachtel den Eischnee vorsichtig unterheben.*

4 *Die Teigmasse in vorbereitete Muffinförmchen füllen und im Backofen bei 180°C etwa 15 Minuten backen. Auskühlen lassen und danach aus den Förmchen stürzen.*

Tipp: *Die Silikonbackformen müssen vor dem Einfüllen der Teigmasse mit kaltem Wasser ausgespült werden, damit die Muffins nicht am Rand kleben bleiben.*

Nährwerte

Energie	Kohlenhydrate	Eiweiss	Fett	MUF	BS	Kohlenhydratanteil
467 kcal	11,9g	55,8g	21,8g	0,2g	0g	10,2%

Blueberry-Schoko Muffins

1-2 Portionen
Zubereitungszeit: 5 Minuten
Schwierigkeitsgrad: mittel

Zutaten

3 Eiklar
1 ganzes Ei
50g Blaubeeren
50ml Wasser
3 EL = 30g Proteinpulver 85%, Schokogeschmack
1 TL Süßstoff, flüssig
1 TL Magerkakaopulver

Zubereitung

1 *Die 3 Eiklar mit einem Handmixer zu steifem Eischnee schlagen.*

2 *Das Wasser und das Ei mit dem Süßstoff und dem Magerkakaopulver schaumig mixen und danach das Proteinpulver dazu rühren. Es soll eine cremige Masse entstehen.*

3 *Mit einem großen Löffel die Blaubeeren und den Eischnee vorsichtig unterheben.*

4 *Die Teigmasse in Muffinförmchen füllen und im Backofen bei 180°C zirka 15 Minuten backen.*

5 *Die fertigen Muffins zugedeckt etwas abkühlen lassen und danach aus den Förmchen stürzen.*

Tipp: *Sie können frische oder auch tiefgekühlte Blaubeeren verwenden.*

Nährwerte

Energie	Kohlenhydrate	Eiweiss	Fett	MUF	BS	Kohlenhydratanteil
273 kcal	4,9g	45,7g	7,8g	1,6g	0g	7,2%

Kokos Muffins

1-2 Portionen
Zubereitungszeit: 5 Minuten
Schwierigkeitsgrad: mittel

Zutaten

- 2 Eiklar
- 1 ganzes Ei
- 20g Kokosraspeln
- 50ml Kokosmilch
- 50ml Wasser
- 2 EL = 20g Wheyprotein-Isolat 90%, Vanillegeschmack
- 2 EL = 20g Proteinpulver 85%, Kokosgeschmack

Zubereitung

1 *Die 2 Eiklar in einem Rührgefäß mit einem Handmixer schaumig schlagen und zur Seite stellen.*

2 *Die Kokosmilch, das Wasser, das Ei und den Süßstoff in einem anderen Mixbehälter schaumig rühren.*

3 *Das Wheyprotein und das Proteinpulver dazu geben und so lange weitermixen bis eine cremige Masse entsteht.*

4 *Zum Schluss mit einem großen Löffel die Kokosraspeln und den Eischnee vorsichtig unterheben.*

5 *Die Teigmasse in Muffinförmchen füllen und im Backofen bei 180°C etwa 15 Minuten backen. Anschließend auskühlen lassen und aus den Förmchen stürzen.*

Tipp: *Kokosmilch gibt es in Dosen im gut sortierten Lebensmittelhandel.*

Nährwerte

Energie	Kohlenhydrate	Eiweiss	Fett	MUF	BS	Kohlenhydratanteil
395 kcal	3,8g	50,1g	19,9g	2,4g	4,8g	3,9%

Coffee Muffins

1-2 Portionen
Zubereitungszeit: 5 Minuten
Schwierigkeitsgrad: mittel

Zutaten

3 Eiklar

1 ganzes Ei

3 EL = 30g Proteinpulver 85%, Vanillegeschmack

100ml starker Bohnenkaffee

1 TL Süßstoff, flüssig

Zubereitung

1 *In einem Rührgefäß mit einem Handmixer die 3 Eiklar zu festem Eischnee schlagen und zur Seite stellen.*

2 *In einem anderen Behälter den Bohnenkaffee und das Ei mit dem Handmixer schaumig schlagen. Anschließend das Proteinpulver dazu geben und solange mixen, bis eine cremige Masse entsteht.*

3 *Mit einem großen Löffel vorsichtig den Eischnee unterheben und die Teigmasse in Muffinförmchen füllen.*

4 *Die Muffins bei 180°C im Backofen etwa 15 Minuten backen, etwas abkühlen lassen und danach aus den Förmchen stürzen.*

Tipp: *Damit die Muffins etwas besser in Form bleiben, sollten Sie sie beim Abkühlen mit einem Küchentuch oder einer Serviette abdecken.*

Nährwerte

Energie	Kohlenhydrate	Eiweiss	Fett	MUF	BS	Kohlenhydratanteil
248 kcal	1g	44,3g	7,4g	1,6g	0g	1,6%

Orangen-Schoko Muffins

1-2 Portionen
Zubereitungszeit: 8 Minuten
Schwierigkeitsgrad: mittel

Zutaten

2 ganze Eier
3 Eiklar
3 EL = 30g Proteinpulver 85%, Schokogeschmack
50ml Orangensaft
abgeriebene Schale einer Orange
1 TL Süßstoff, flüssig

Zubereitung

1 *Die 3 Eiklar in einem Rührgefäß mit einem Handmixer zu steifem Eischnee schlagen und zur Seite stellen.*

2 *In einem anderen Mixbehälter den Orangensaft mit den ganzen Eiern, der abgeriebenen Orangenschale und dem Süßstoff verrühren und anschließend das Proteinpulver gut darunter mixen. Es soll eine cremige Masse entstehen.*

3 *Den Eischnee mit einem großen Löffel vorsichtig unterheben.*

4 *Die Teigmasse in Muffinförmchen füllen.*

5 *Im 180°C heißen Backofen 15 Minuten backen, abkühlen lassen und danach aus den Förmchen stürzen.*

Tipp: *Damit sich beim Einrühren vom Proteinpulver keine Klumpen bilden, ist es wichtig schnell zu arbeiten und die Teigmasse gut durchzumixen.*

Nährwerte

Energie	Kohlenhydrate	Eiweiss	Fett	MUF	BS	Kohlenhydratanteil
359 kcal	6g	52g	14,1g	2,6g	0g	6,7%

PROTEIN SHAKES

Blueberry Active Shake

1 Portion
Zubereitungszeit: 3 Minuten
Schwierigkeitsgrad: einfach

Zutaten

300ml Wasser
1 Fläschchen ACTIMEL
40g Blaubeeren
3 EL = 30g Proteinpulver 85%
Blueberry-Vanilla Geschmack

Zubereitung

1 *Alle Zutaten in einem Standmixer 1-2 Minuten gut mixen.*

2 *In ein großes Glas gießen und die Eiswürfel dazu geben.*

Tipp: *Ob der probiotische Joghurtdrink ACTIMEL tatsächlich die Abwehrkräfte stärkt, kann ich nicht beurteilen, aber er schmeckt in Kombination mit Proteinpulver und Früchten sehr lecker.*

Nährwerte

ENERGIE	KOHLENHYDRATE	EIWEISS	FETT	MUF	BS	KOHLENHYDRATANTEIL
142 KCAL	7,0G	26,7G	0,8G	0,4G	1,8G	19,7%

Fresh Chocolate Dream

1 Portion
Zubereitungszeit: 4 Minuten (ohne Kühlzeit)
Schwierigkeitsgrad: einfach

Zutaten

150ml Milch, 1,5% Fett
200ml Wasser
4-5 frische Minzeblätter
3 EL = 30g Proteinpulver 85% Schokogeschmack

Zubereitung

1 *Ein Glas zum aneisen (frosten) etwa 10-15 Minuten in den Tiefkühlschrank stellen.*

2 *Die Milch in einen Topf gießen, die Minzeblätter dazu geben und zugedeckt aufkochen lassen.*

3 *Den Topf vom Herd nehmen und zum Abkühlen der Minzemilch 2-3 Eiswürfel dazu geben.*

4 *Die kalte Minzemilch, das Wasser und das Proteinpulver mit einem Rührgerät 1-2 Minuten mixen und in das gefrostete Glas gießen.*

Tipp: *Dieser Drink erinnert an den unverwechselbaren Geschmack von »After Eight«. Mit Magerkakaopulver bestreuen und mit einem Minzeblatt garniern.*

Nährwerte

Energie	Kohlenhydrate	Eiweiss	Fett	MUF	BS	Kohlenhydratanteil
185 kcal	8,9g	30,9g	2,9g	0,8g	0g	19,2%

Kokosmilch Shake

1 Portion
Zubereitungszeit: 4 Minuten
Schwierigkeitsgrad: einfach

Zutaten

300ml Wasser
50ml Kokosmilch light, aus der Dose
20ml Schlagsahne, 30% Fett
1 Ananasscheibe = 50g
3 EL = 30g Proteinpulver 85% Kokosgeschmack

Zubereitung

1 *Wasser, Kokosmilch, Schlagsahne und die Ananasscheibe in einem Standmixer 1-2 Minuten gut mixen.*

2 *Das Proteinpulver dazu geben und 1/2 Minute weiter mixen.*

3 *In ein großes Glas gießen und die Eiswürfel dazu geben.*

Tipp: *Ein süßer Shake, der Erinnerungen an Urlaub, Sommer und Strand wach ruft. Mit Kokosflocken bestreuen und eine Ananasspalte auf den Glasrand setzen.*

Nährwerte

ENERGIE	KOHLENHYDRATE	EIWEISS	FETT	MUF	BS	KOHLENHYDRATANTEIL
234 KCAL	9,8G	26,2G	10G	3,8G	1,3G	16,8%

Peanut Creamer

1-2 Portionen
Zubereitungszeit: 3 Minuten
Schwierigkeitsgrad: einfach

Zutaten

200ml Sojamilch light
100ml Wasser
50g Erdnussmuss
1 TL Rapsöl
3 EL = 30g Wheyprotein 90% geschmacksneutral

Zubereitung

1 *Die gesamten Zutaten in einem Standmixer oder Rührgerät mindestens 2 Minuten gut mixen.*

2 *Den Shake in ein großes Glas gießen und mit einem Trinkhalm servieren.*

Tipp: *Ein wunderbar cremiger, leicht süßlich schmeckender Shake, ohne Kuhmilch.*

Nährwerte

ENERGIE	KOHLENHYDRATE	EIWEISS	FETT	MUF	BS	KOHLENHYDRATANTEIL
464 KCAL	10,3G	40,8G	28,9G	8,9G	2,2G	8,9%

Orangenkaffee

1 Portion
Zubereitungszeit: 3 Minuten
Schwierigkeitsgrad: einfach

Zutaten

100ml Orangensaft
200ml kalter Bohnenkaffee
20ml Schlagsahne, 30% Fett
1/2 TL Nelkenpulver
3 EL = 30g Wheyprotein 90% geschmacksneutral
Süßstoff flüssig, nach Geschmack

Zubereitung

1 *Die flüssigen Zutaten in den Becher eines Rührgerätes gießen und 1-2 Minuten mixen. Das Proteinpulver und das Nelkenpulver löffelweise dazu geben.*

2 *Etwas Crushed Ice in ein Glas füllen, den Shake dazu gießen und mit einem Trinkhalm servieren.*

Tipp: *Kaffee ist nicht nur belebend, er harmoniert zudem auch hervorragend mit dem Geschmack von Orangen und Nelken. Eine Orangenscheibe bis zur Hälfte einschneiden, mit ganzen Nelkenstiften spicken und auf den Glasrand setzen.*

Nährwerte

Energie	Kohlenhydrate	Eiweiss	Fett	MUF	BS	Kohlenhydratanteil
215 kcal	10,4g	28,5g	6,6g	1,9g	2,4g	19,4%

Golden Wings

1 Portion
Zubereitungszeit: 3 Minuten
Schwierigkeitsgrad: einfach

Zutaten

200ml RED BULL Sugarfree
100ml Sojamilch light
1/2 TL Backaroma, Rumgeschmack
3 EL = 30g Wheyprotein 90% geschmacksneutral

Zubereitung

1 *Alle Zutaten in einem Rührgerät für 1-2 Minuten gut mixen.*

2 *Den Shake in ein großes Glas gießen.*

Tipp: *Den Geschmack von RED BULL mag man, oder man kann ihn nicht ausstehen. Wenn Ihnen RED BULL schmeckt, dann wird dieser Shake gewiss Ihren Geschmack treffen.*

Nährwerte

Energie	Kohlenhydrate	Eiweiss	Fett	MUF	BS	Kohlenhydratanteil
139 kcal	2,4g	28,2g	1,8g	0g	0g	6,9%

FRÜHSTÜCK, PRE- UND POST-WORKOUT

Dinkel-Amarant-Müsli mit Früchten

1 Portion
Zubereitungszeit: 10 Minuten
Schwierigkeitsgrad: einfach

Zutaten

35g Dinkelflocken
15g Amarantpops
50g Joghurt 0,5% Fett
25ml Milch, 0,3% Fett
3 EL = 30g Wheyprotein-Isolat 90%, Schokogeschmack
25g Heidelbeeren
1/2 Banane = 50g
60ml Wasser
Zimt

Zubereitung

1 *Die Dinkelflocken mit 60ml Wasser übergießen und in einer Müslischale über Nacht einweichen.*

2 *Amarantpops, Joghurt, Milch und Wheyprotein dazu rühren.*

3 *Die Banane in Scheiben schneiden und zusammen mit den Heidelbeeren unter das Müsli mischen.*

4 *Mit Zimt bestreuen und genießen.*

Nährwerte

Energie	Kohlenhydrate	Eiweiss	Fett	MUF	BS	Kohlenhydratanteil
401 kcal	52,7g	36,7g	4,8g	1g	5,1g	52,6%

Weizenpops mit Schokomilch

1 Portion
Zubereitungszeit: 3 Minuten
Schwierigkeitsgrad: einfach

Zutaten

50g Weizenpops

3 EL = 30g Wheyprotein-Isolat 90%, Schokogeschmack

300ml Milch, 0,3% Fett

Zubereitung

1 *Die Milch und das Wheyprotein in einem Shaker gut schütteln.*

2 *Die Weizenpops in eine Müslischale füllen und die Schokomilch darüber gießen. Sofort genießen.*

Tipp: *Wenn Sie die Weizenpops eher etwas weicher möchten, dann lassen Sie das zubereitete Gericht etwa 5 Minuten stehen, bis die Pops aufgeweicht sind.*

Nährwerte

ENERGIE	KOHLENHYDRATE	EIWEISS	FETT	MUF	BS	KOHLENHYDRATANTEIL
395 KCAL	54,9G	39,7G	1,8G	0,3G	15G	55,6%

Bircher Müsli

1 Portion
Zubereitungszeit: 10 Minuten
Schwierigkeitsgrad: einfach

Zutaten

30g »5-Korn«-Flocken
100ml Milch, 0,3% Fett
20g Dinkelflocken
3 EL = 30g Wheyprotein-Isolat 90%, Vanillegeschmack
1/2 kleiner Apfel = 50g
100g Joghurt, 0,5% Fett
10g Dörrpflaumen = 3 Stück
5g Saatenmischung
5g Haselnüsse, gerieben
5g Rosinen
Zimt

Zubereitung

1 *»5-Korn«Flocken in eine Müslischale füllen und mit der Hälfte der Milch (50ml) übergießen. Über Nacht einweichen lassen.*

2 *Den Apfel und die Dörrpflaumen in kleine Stücke schneiden.*

3 *Alle restlichen Zutaten den Flocken beigeben und mit einem Löffel gut vermengen.*

4 *Das Birchermüsli mit Zimt bestreuen und genießen.*

Nährwerte

ENERGIE	KOHLENHYDRATE	EIWEISS	FETT	MUF	BS	KOHLENHYDRATANTEIL
449 KCAL	50,5G	41,4G	9G	0,4G	11,5G	45%

Vollkornbrot mit Früchtequarkaufstrich und Proteinshake

1 Portion
Zubereitungszeit: 10 Minuten
Schwierigkeitsgrad: einfach

Zutaten

2 Scheiben Vollkornbrot = 60g
200g Magerquark
1/2 Banane = 50g
100g Himbeeren
Süßstoff, flüssig
Zimt

Für den Shake
100ml Milch, 0,3% Fett
300ml Wasser
3 EL = 30g Proteinpulver 85%, Geschmack nach Belieben

Zubereitung

1 *Den Magerquark in zwei gleiche Teile aufteilen und auf Desserttellern anrichten.*

2 *Mit einer Gabel einen Teil Quark mit Himbeeren, den anderen Teil mit der vorher zerdrückten Banane vermengen. Je nach Geschmack mit Zimt und/oder Süßstoff abschmecken.*

3 *Die Vollkornbrotscheiben je mit einem Quarkaufstrich bestreichen und auf einem Teller anrichten.*

4 *In einem Shaker das Proteinpulver mit Wasser und Milch gut vermixen und zu den Vollkornbroten genießen.*

Nährwerte

ENERGIE	KOHLENHYDRATE	EIWEISS	FETT	MUF	BS	KOHLENHYDRATANTEIL
479 KCAL	52G	62,8G	2,2G	0,3G	10,6G	43,4%

Vollkornbrote mit pikantem Quarkaufstrich und Proteinshake

1 Portion
Zubereitungszeit: 10 Minuten
Schwierigkeitsgrad: einfach

Zutaten

2 Scheiben Vollkornbrot = 60g
250g Magerquark
1/4 Zwiebel = 25g
2 EL Schnittlauch, frisch gehackt
1 TL Paprikapulver
Salz
Pfeffer

Für den Shake
300ml Milch, 0,3% Fett
100ml Wasser
3 EL = 30g Protein-pulver 85%, Geschmack nach Belieben

Zubereitung

1 *Die Zwiebel sehr fein hacken.*

2 *Den Magerquark in einer kleinen Schüssel mit Schnittlauch und den Gewürzen vermengen – geht am einfachsten mit einer Gabel.*

3 *Die Vollkornbrote mit dem Aufstrich bestreichen.*

4 *Milch, Wasser und Proteinpulver in einem Shaker oder einem Standmixer vermengen und zusammen mit den Broten genießen.*

Nährwerte

ENERGIE	KOHLENHYDRATE	EIWEISS	FETT	MUF	BS	KOHLENHYDRATANTEIL
516 KCAL	49,1G	74,9G	2,2G	0,3G	5G	38,1%

Apfeltaler

1 Portion
Zubereitungszeit: 15 Minuten
Schwierigkeitsgrad: mittel

Zutaten

1 kleiner Apfel = 100g
100ml Milch 0,3% Fett
2 Eiklar
3 EL = 30g Wheyprotein-Isolat 90%, Vanillegeschmack
40g Weizenmehl
20g Dinkelkleie
1 EL Distelöl

Zubereitung

1 *In einer Schüssel Milch, Eiklar und Wheyprotein mit einem Schneebesen verquirlen. Dann das Mehl und das Weizenmehl untermischen, bis ein dünner Teig entsteht.*

2 *Den Apfel in Scheiben schneiden, die einzelnen Scheiben vorsichtig mit einem kleinen Messer entkernen. Darauf achten, dass die Apfelscheiben nicht zerbrechen.*

3 *Eine antihaft-beschichtete Pfanne sparsam mit Öl bestreichen und erhitzen.*

4 *Die Apfelscheiben in den Teig dippen bis sie ganz mit Teig bedeckt sind und anschließend in der heißen Pfanne etwa 1-2 Minuten backen.*

5 *Auf einem Teller anrichten und warm oder kalt genießen.*

Nährwerte

Energie	Kohlenhydrate	Eiweiss	Fett	MUF	BS	Kohlenhydratanteil
453 kcal	49,1g	44,4g	8,8g	5,2g	12,6g	43,4%

French-Toast

1 Portion
Zubereitungszeit: 15 Minuten
Schwierigkeitsgrad: einfach

Zutaten

200ml Milch, 0,3% Fett
30g Wheyprotein-Isolat 90%, Vanillegeschmack
4 Eiklar
3 Scheiben Toastbrot = 75g
30g Pflaumenmarmelade mit Fruchtzucker
1 EL Distelöl

Zubereitung

1 *Milch, Eier und Wheyprotein in einer Schüssel mit einem Schneebesen verquirlen.*

2 *Die Toastbrotscheiben halbieren, je eine Seite mit Pflaumenmarmelade bestreichen und danach zusammenklappen.*

3 *Die Toastbrotscheiben in die Eiermilch einweichen.*

4 *Eine antihaft-beschichtete Pfanne sparsam mit Öl bestreichen, erhitzen und die eingeweichten Toastscheiben darin beidseitig braun backen. Die evtl. übrige Eiermilch einfach über den Toast in die Pfanne gießen.*

5 *Die fertigen French-Toast Scheiben aus der Pfanne nehmen und heiß oder kalt servieren.*

Nährwerte

ENERGIE	KOHLENHYDRATE	EIWEISS	FETT	MUF	BS	KOHLENHYDRATANTEIL
496 KCAL	50,8G	49,9G	10,3G	5,3G	0G	41%

Süßer WEETABIX Drink

1-2 Portionen
Zubereitungszeit: 5 Minuten
Schwierigkeitsgrad: einfach

Zutaten

200ml Milch, 0,5% Fett
100ml Wasser
40g WEETABIX = 2 Scheiben
20g Rosinen
3 EL = 30g Proteinpulver 85% Apfel-Vanille Geschmack

Zubereitung

1 *Die Milch und das Wasser zusammen in einem Kochtopf erwärmen.*

2 *Die WEETABIX in einen Standmixer geben und mit der warmen Milch übergießen. Die Rosinen dazu geben und 1-2 Minuten mixen.*

3 *Das Proteinpulver löffelweise einfüllen und eine weitere 1/2 Minute weiter mixen. Den Drink in ein großes Glas gießen.*

Tipp: *WEETABIX finden Sie im gut sortierten Lebensmittelhandel bei den Frühstücksflocken. Die aus Großbritannien stammenden keksförmigen Scheiben werden in Milch oder Saft eingeweicht und in einer Schüssel serviert.*

Nährwerte

ENERGIE	KOHLENHYDRATE	EIWEISS	FETT	MUF	BS	KOHLENHYDRATANTEIL
382 KCAL	52,1G	36,4G	3,1G	0,3G	3,5G	54,6%

Orange-Peach Milkshake

1-2 Portionen
Zubereitungszeit: 3 Minuten
Schwierigkeitsgrad: einfach

Zutaten

200ml Milch, 3,5% Fett

100ml Orangensaft

200g Pfirsiche, aus der Dose

3 EL = 30g Wheyprotein 90% geschmacksneutral

Zubereitung

1 *Milch, Orangensaft und die Pfirsiche in einen Standmixer geben und 1-2 Minuten cremig mixen.*

2 *Das Proteinpulver dazu geben eine weitere Minute mixen und anschließend in ein großes Glas gießen.*

Tipp: *Geschmacksneutrales Proteinpulver eignet sich vorzüglich dazu, den Eigengeschmack der Shakes zu erhalten.*

Nährwerte

Energie	Kohlenhydrate	Eiweiss	Fett	MUF	BS	Kohlenhydratanteil
416 kcal	52,3g	35,1g	7,4g	2,2g	4,8g	50,3%

Diätpläne
für die Metabole Diät

Kapitel 7

1000 Kalorien Diätplan

Kalorienzufuhr	1000 kcal	
Kalorienaufteilung	Calorie-Cycling	
Nährstoffverteilung	Trainingstage	trainingsfreie Tage
	50% Eiweiß	50% Eiweiß
	35% Kohlenhydrate	15% Kohlenhydrate
	15% Fett	35% Fett

Zielvorgabe

Tag	Kalorienzufuhr*	Kohlenhydrate*	Eiweiss*	Fett*
1	1000 kcal / Training	88g	125g	17g
2	1300 kcal	49g	163g	50g
3	800 kcal / Training	70g	100g	13g
4	1100 kcal	41g	137g	43g
5	1200 kcal / Training	105g	150g	20g
6	800 kcal	30g	100g	31g
7	800 kcal	30g	100g	31g
Gesamt	7000 kcal	413g	875g	205g

*Werte zum Teil gerundet!

Tag 1

Mahlzeit	Energie*	Kohlenhydrate*	Eiweiss*	Fett*
1. Frühstück Dinkel-Amarant-Müsli mit Früchten (1/2 Mahlzeit S. 236)	200 kcal	26,4g	18,4g	2,4g
2. Mittagessen 100g Hühnerbrustfilet Gemischter Salat angemacht mit Balsamico	105 kcal	----	24,1g	1,0g
3. Pre-Workout Mahlzeit Weizenpops mit Schokomilch (1/2 Mahlzeit S. 237)	198 kcal	27,5g	19,8g	0,9g
4. Post-Workout Mahlzeit 30g Proteinpulver 85% Schokogeschmack, 400ml Wasser 1 grosse Banane (150g)	255 kcal	33,9g	26,4g	1,3g
5. Abendessen 1 Dose Thunfisch natural in Wasser (150g) Blattsalatmischung angemacht mit Balsamico 1 EL Olivenöl	282 kcal	----	32,2g	16,9g
Gesamt	**1040 kcal**	**87,8g**	**120,9g**	**22,5g**

Tag 2

Mahlzeit	Energie*	Kohlenhydrate*	Eiweiss*	Fett*
1. Frühstück French Toast (1/2 Mahlzeit S. 242) 1 Pfirsich (100g)	291 kcal	34,8g	25,7g	5,3g
2. Mittagessen Chicorée Salat mit Flusskrebsen und Minze (1 x Mahlzeit S. 108)	312 kcal	5,2g	38,3g	15,3g
3. Abendessen 200g Rindersteak 150g Broccoli 1 EL Olivenöl	386 kcal	3,9g	47,4g	20,2g
4. Snack 50g Proteinpulver 85% Erdbeergeschmack 400ml Wasser 1 TL Leinöl	292kcal	1,7g	43,0g	12,6g
Gesamt	**1281 kcal**	**45,6g**	**154,4g**	**53,4g**

TAG 3

MAHLZEIT	ENERGIE*	KOHLENHYDRATE*	EIWEISS*	FETT*
1. FRÜHSTÜCK BIRCHER MÜSLI (1/2 MAHLZEIT S. 238)	224 KCAL	25,3G	20,7G	4,5G
2. MITTAGESSEN 150G HÜHNERBRUSTFILET GEMISCHTER SALAT	158 KCAL	----	36,2G	1,5G
3. PRE-WORKOUT MAHLZEIT BIRCHER MÜSLI (1/2 MAHLZEIT S. 238)	225 KCAL	25,3G	20,7G	4,5G
4. POST-WORKOUT MAHLZEIT 30G PROTEINPULVER 85% VANILLEGESCHMACK, 400ML WASSER 1 BANANE (100G)	204 KCAL	22,3G	26,9G	0,6G
GESAMT	811 KCAL	72,9G	104,5G	11,1G

TAG 4

MAHLZEIT	ENERGIE*	KOHLENHYDRATE*	EIWEISS*	FETT*
1. FRÜHSTÜCK BIRCHER MÜSLI (1/2 MAHLZEIT S. 238) 1 NEKTARINE (100G)	278 KCAL	37,7G	21,6G	4,5G
2. MITTAGESSEN BLUEBERRY-SCHOKO MUFFINS (1/2 MAHLZEIT S. 224) 20G WHEY-ISOLAT 90% VANILLEGESCHMACK, 300ML WASSER 1 TL OLIVENÖL	266 KCAL	3,2G	40,0G	10,4G
3. ABENDESSEN ASIATISCHES OMELETTE (1 X MAHLZEIT S. 138)	360 KCAL	1,4G	45,6G	19,1G
4. SNACK RÜHREI AUS 3 EIKLAR, 100G MOZZARELLA + SCHNITTLAUCH	216 KCAL	----	31,0G	10,3G
GESAMT	1120 KCAL	42,3G	138,3G	44,3G

Tag 5

Mahlzeit	Energie*	Kohlenhydrate*	Eiweiss*	Fett*
1. Frühstück Brei aus 60g Haferflocken 40g Whey-Isolat 90% Schokogeschmack 400ml Wasser 2 EL Honig (20g) 1 Apfel (100g)	445 kcal	63,1g	36,4g	5,1g
2. Mittagessen Salatpäckchen mit Thunfischfüllung (1 x Mahlzeit S. 120) 10g Macadamianüsse	337 kcal	4,0g	47,2g	14,7g
3. Pre-Workout Mahlzeit 60g Wheyprotein 90% Vanillegeschmack, 400ml Wasser 1 Nektarine (100g)	168 kcal	12,5g	29,0g	0,3g
4. Post-Workout Mahlzeit 30g Proteinpulver 85% Schokogeschmack, 400ml Wasser 1 Banane (100g)	208 kcal	23,2g	26,3g	0,8g
Gesamt	**1158 kcal**	**102,8g**	**138,9g**	**20,9g**

TAG 6

MAHLZEIT	ENERGIE*	KOHLENHYDRATE*	EIWEISS*	FETT*
1. FRÜHSTÜCK 2 SCHEIBEN VOLLKORNBROT (50G) 100G COTTAGE-CHEESE	212 KCAL	24,0G	17,3G	5,2G
2. MITTAGESSEN FORELLENBURGER MIT BROCCOLI (1 X MAHLZEIT S. 181)	257 KCAL	4,7G	46,5G	5,8G
3. ABENDESSEN 100G HÜHNERBRUSTFILET GEMISCHTER SALAT ANGEMACHT MIT BALSAMICO 1 EL OLIVENÖL	217 KCAL	0,2G	24,1G	13,3G
4. SNACK 20G PROTEINPULVER 85% SCHOKO-NUSSGESCHMACK 300ML WASSER 1 TL LEINÖL	118 KCAL	1,0G	16,8G	5,1G
GESAMT	804 KCAL	29,9G	104,7G	29,4G

TAG 7

MAHLZEIT	ENERGIE*	KOHLENHYDRATE*	EIWEISS*	FETT*
1. FRÜHSTÜCK FRISCHKÄSEQUARK MIT HIMBEEREN (1/2 MAHLZEIT S. 205) 1/2 BANANE (50G)	159 KCAL	18,3G	15,6G	2,8G
2. MITTAGESSEN 1 DOSE THUNFISCH NATURAL IN WASSER (150G) BLATTSALATMISCHUNG ANGEMACHT MIT BALSAMICO 1 EL OLIVENÖL	282 KCAL	0,2G	32,2G	16,9G
3. ABENDESSEN 150G RINDERFILET 150G BROCCOLI	221 KCAL	3,8G	36,8G	6,3G
4. SNACK BLUEBERRY ACTIVE SHAKE (1 X MAHLZEIT S. 229)	142 KCAL	7,0G	26,7G	0,8G
GESAMT	**804 KCAL**	**29,3G**	**111,3G**	**26,8G**

2000 KALORIEN DIÄTPLAN

Kalorienzufuhr	2000 kcal	
Kalorienaufteilung	konstant 2000 kcal/Tag	
Nährstoffverteilung	Trainingstage	trainingsfreie Tage
	50% Eiweiß	50% Eiweiß
	35% Kohlenhydrate	15% Kohlenhydrate
	15% Fett	35% Fett

ZIELVORGABE

TAG	KALORIENZUFUHR*	KOHLENHYDRATE*	EIWEISS*	FETT*
1	2000 KCAL	75G	250G	78G
2	2000 KCAL / TRAINING	175G	250G	33G
3	2000 KCAL	75G	250G	78G
4	2000 KCAL / TRAINING	175G	250G	33G
5	2000 KCAL	75G	250G	78G
6	2000 KCAL / TRAINING	175G	250G	33G
7	2000 KCAL	75G	250G	78G
GESAMT	14000 KCAL	825G	1750G	411G

*WERTE ZUM TEIL GERUNDET!

Tag 1

Mahlzeit	Energie*	Kohlenhydrate*	Eiweiss*	Fett*
1. Frühstück Weizenpops mit Schoko-Milch (1 x Mahlzeit S. 237) 1 Pfirsich (100g)	438 kcal	64,3g	40,4g	1,9g
2. Zwischenmahlzeit 30g Proteinpulver 85% Schokogeschmack 400ml Wasser 2 EL Olivenöl	329 kcal	1,9g	25,8g	24,5g
3. Mittagessen Schweinesteaks auf Kochsalat (1 x Mahlzeit S. 143)	452 kcal	8,5g	58,4g	20,5g
4. Zwischenmahlzeit Roastbeef mit Spargel (1 x Mahlzeit S. 128)	285 kcal	2,0g	48,6g	9,2g
5. Abendessen Steak-Happen mit Japan Gemüse (1 x Mahlzeit S. 140)	489 kcal	2,9g	64,9g	24,2g
Gesamt	**1993 kcal**	**79,6g**	**238,1g**	**80,3g**

TAG 2

MAHLZEIT	ENERGIE*	KOHLENHYDRATE*	EIWEISS*	FETT*
1. FRÜHSTÜCK 100G HAFERFLOCKEN 50G WHEY-ISOLAT 90% SCHOKOGESCHMACK, 400ML WASSER + 1 APFEL OMELETTE AUS 6 EIKLAR UND SCHNITTLAUCH	693 KCAL	70,3G	82,8G	8,7G
2. MITTAGESSEN BLUEBERRY-SCHOKO MUFFINS (1 X MAHLZEIT S. 224)	273 KCAL	4,9G	45,7G	7,8G
3. PRE-WORKOUT MAHLZEIT WEIZENPOPS MIT SCHOKOMILCH (1 X MAHLZEIT S. 237)	395 KCAL	54,9G	39,7G	1,8G
4. POST-WORKOUT MAHLZEIT 60G WHEY-ISOLAT 90% VANILLEGESCHMACK, 400ML WASSER 2 BANANEN (200G)	397 KCAL	43,3G	52,9G	1,8G
5. ABENDESSEN 150G RINDERSTEAK 200G SPINAT 1 EL OLIVENÖL	288 KCAL	1,4G	36,6G	15,4G
GESAMT	**2046 KCAL**	**174,8G**	**257,7G**	**35,5G**

Tag 3

Mahlzeit	Energie*	Kohlenhydrate*	Eiweiss*	Fett*
1. Frühstück Süsser WEETABIX Drink (1 x Mahlzeit S. 243) 1 x Apfel (100g)	436 kcal	63,5g	36,7g	3,7g
2. Zwischenmahlzeit 50g Proteinpulver 85% Erdbeergeschmack, 400ml Wasser 1 TL Leinöl	238 kcal	1,5g	43,0g	6,7g
3. Mittagessen 250g Zanderfilet Gemischter Blattsalat angemacht mit Balsamico und 2 EL Olivenöl	423 kcal	0,4g	48,0g	25,7g
4. Zwischenmahlzeit 50g Whey-Isolat 90% Schokogeschmack, 400ml Wasser 1 EL Olivenöl	269 kcal	2,0g	42,0g	10,4g
5. Abendessen Riesengarnelenschwänze auf Mozzarella, Tomaten und Ruccola (1 x Mahlzeit S. 105)	556 kcal	4,6g	77,9g	25,1g
Gesamt	1922 kcal	72,0g	247,6g	71,6g

Tag 4

Mahlzeit	Energie*	Kohlenhydrate*	Eiweiss*	Fett*
1. Frühstück Triple-Protein Pancakes (1 x Mahlzeit S. 209) 2 Bananen (200g)	698 kcal	53,2g	91,1g	12,9g
2. Mittagessen Omelette aus 8 Eiklar, 1 Ei, 1 Tomate 1/2 gelbe Paprikaschote 1/4 Salatgurke 1 EL Olivenöl	336 kcal	5,2g	37,8g	18,3g
3. Pre-Workout Mahlzeit Dinkel-Amarant-Müsli mit Früchten (1 x Mahlzeit S. 236)	401 kcal	52,7g	36,7g	4,8g
4. Post-Workout 30g Proteinpulver 85% Vanillegeschmack, 400ml Wasser, 2 EL Honig (20g) 2 Nektarinen (200g)	282 kcal	41,9g	27,6g	0,4g
5. Abendessen Überbackener Kabeljau (1/2 x Mahlzeit S. 162)	240 kcal	3,7g	49,5g	3,1g
Gesamt	**1957 kcal**	**156,7g**	**242,7g**	**39,5g**

TAG 5

MAHLZEIT	ENERGIE*	KOHLENHYDRATE*	EIWEISS*	FETT*
1. FRÜHSTÜCK VOLLKORNBROT MIT FRÜCHTE-QUARK-AUFSTRICH UND PROTEINSHAKE (1 X MAHLZEIT S. 239) 1 PFIRSICH (100G)	522 KCAL	61,4G	63,5G	2,3G
2. ZWISCHENMAHLZEIT KOKOS MUFFINS (1 X MAHLZEIT S. 225) 20G PROTEINPULVER 85% SCHOKOGESCHMACK, 300ML WASSER 1 EL OLIVENÖL	560 KCAL	4,8G	67,3G	30,2G
3. MITTAGESSEN GRIECHISCHER BURGER (1 X MAHLZEIT S. 180)	344 KCAL	1,6G	57,2G	12,1G
4. ABENDESSEN 250G HÜHNERBRUSTFILET 200G SPARGEL 2 EL OLIVENÖL	510 KCAL	2,8G	63,7G	26,7G
GESAMT	1936 KCAL	70,6G	251,7G	71,3G

TAG 6

MAHLZEIT	ENERGIE*	KOHLENHYDRATE*	EIWEISS*	FETT*
1. FRÜHSTÜCK FRENCH TOAST (1 X MAHLZEIT S. 242) 1 BANANE (100G)	590 KCAL	72,2G	50,1G	11,4G
2. MITTAGESSEN 200G HÜHNERBRUSTFILET 200G SPARGEL 1 EL OLIVENÖL	344 KCAL	2,6G	51,6G	14,1G
3. PRE-WORKOUT MAHLZEIT DINKEL-AMARANT-MÜSLI (1 X MAHLZEIT S. 236)	401 KCAL	52,7G	36,6G	4,8G
4. POST-WORKOUT MAHLZEIT 60G WHEY-ISOLAT 90% VANILLEGESCHMACK 400ML WASSER 200G WEINTRAUBEN	345 KCAL	30,5G	53,0G	1,1G
5. ABENDESSEN KABELJAUFILET IM TOMATENBETT (1 X MAHLZEIT S. 166)	367 KCAL	7,8G	63,5G	9,1G
GESAMT	**2047 KCAL**	**165,8G**	**254,8G**	**40,5G**

TAG 7

MAHLZEIT	ENERGIE*	KOHLENHYDRATE*	EIWEISS*	FETT*
1. FRÜHSTÜCK BREI AUS 80G HAFERFLOCKEN 30G WHEY-ISOLAT 90% SCHOKOGESCHMACK, CA. 500ML WASSER 1/2 BANANE (50G)	453 KCAL	61,8G	36,1G	7,1G
2. ZWISCHENMAHLZEIT 60G WHEYPROTEIN 90% ERDBEERGESCHMACK, 400ML WASSER 1 EL LEINÖL	319 KCAL	0,2G	56,1G	10,5G
3. MITTAGESSEN CHEESEBURGER (1 X MAHLZEIT S. 183)	338 KCAL	2,7G	61,4G	9,1G
4. ZWISCHENMAHLZEIT PEANUT-CREAMER SHAKE (1 X MAHLZEIT S. 232)	464 KCAL	10,3G	40,8G	28,9G
5. ABENDESSEN OLIVENSCHNITZEL MIT PFIFFERLINGEN (1 X MAHLZEIT S. 154)	489 KCAL	1,5G	65,5G	24,5G
GESAMT	**2063 KCAL**	**76,5G**	**259,9G**	**80,1G**

3000 KALORIEN DIÄTPLAN

Kalorienzufuhr	3000 kcal	
Kalorienaufteilung	Calorie-Cycling	
Nährstoffverteilung	Trainingstage	trainingsfreie Tage
	50% Eiweiß	50% Eiweiß
	35% Kohlenhydrate	15% Kohlenhydrate
	15% Fett	35% Fett

ZIELVORGABE

TAG	KALORIENZUFUHR*	KOHLENHYDRATE*	EIWEISS*	FETT*
1	2800 KCAL / TRAINING	245G	350G	47G
2	3500 KCAL / TRAINING	306G	438G	58G
3	2000 KCAL	75G	250G	78G
4	3500 KCAL / TRAINING	306G	438G	58G
5	2800 KCAL / TRAINING	245G	350G	47G
6	2400 KCAL	90G	300G	93G
7	4000 KCAL	150G	500G	155G
GESAMT	21000 KCAL	1417G	2626G	536G

*WERTE ZUM TEIL GERUNDET!

TAG 1

MAHLZEIT	ENERGIE*	KOHLENHYDRATE*	EIWEISS*	FETT*
1. FRÜHSTÜCK WEIZENPOPS MIT SCHOKOMILCH (2 X MAHLZEIT S. 237)	790 KCAL	109,8G	79,4G	3,6G
2. MITTAGESSEN NORWEGISCHER LAMMEINTOPF (1 X MAHLZEIT S. 118)	601 KCAL	15,6G	97,8G	16,4G
3. PRE-WORKOUT MAHLZEIT APFELTALER (1 X MAHLZEIT S. 241) 50G WHEY-ISOLAT 90% SCHOKOGESCHMACK, 400ML WASSER	628 KCAL	49,6G	87,4G	9,3G
4. POST-WORKOUT MAHLZEIT 40G PROTEINPULVER 85% VANILLEGESCHMACK, 400ML WASSER 2 BANANEN (200G) 2 EL HONIG (20G)	400 KCAL	59,8G	34,9G	2,9G
5. ABENDESSEN 200G HÜHNERBRUSTFILET BLATTSALATMISCHUNG ANGEMACHT MIT BALSAMICO 1 EL OLIVENÖL	318 KCAL	----	48,2G	13,9G
GESAMT	2737 KCAL	234,8G	347,7G	46,1G

TAG 2

MAHLZEIT	ENERGIE*	KOHLENHYDRATE*	EIWEISS*	FETT*
1. FRÜHSTÜCK TRIPLE-PROTEIN PANCAKES (1 X MAHLZEIT S. 209) 100G ERDBEERKONFITÜRE 1 BANANE (100G)	860 KCAL	94,4G	89,4G	13,8G
2. MITTAGESSEN CHINESISCHES HÜHNCHEN TIKKA (2 X MAHLZEIT S. 152)	698 KCAL	23,0G	131,4G	8,8G
3. PRE-WORKOUT MAHLZEIT WEIZENPOPS MIT SCHOKOMILCH (2 X MAHLZEIT S. 237)	790 KCAL	109,8G	79,4G	3,6G
4. POST-WORKOUT MAHLZEIT 70G PROTEINPULVER 85% VANILLEGESCHMACK, 600ML WASSER, 200G APFELMUS 2 EL HONIG (20G)	370 KCAL	55,2G	34,9G	0,9G
5. ABENDESSEN 300G RINDERSTEAK 200G SPINAT SHAKE AUS 100G MAGERQUARK 200G ERDBEEREN, 40G PROTEINPULVER 85% VANILLEGESCHMACK, CA. 600ML WASSER 2 EL OLIVENÖL	760 KCAL	13,5G	104,5G	31,3G
GESAMT	**3478 KCAL**	**295,9G**	**439,6G**	**48,4G**

TAG 3

MAHLZEIT	ENERGIE*	KOHLENHYDRATE*	EIWEISS*	FETT*
1. FRÜHSTÜCK 2 SCHEIBEN ROGGENBROT (100G), OMELETT AUS 1 EI UND 8 EIKLAR 1 NEKTARINE (100G)	482 KCAL	58,5G	44,6G	8,4G
2. ZWISCHENMAHLZEIT COFFEE MUFFINS (1 X MAHLZEIT S. 226)	248 KCAL	1,0G	44,3G	7,4G
3. MITTAGESSEN SAUER-SCHARFE PILZSUPPE (1 X MAHLZEIT S. 116)	571 KCAL	6,5G	103,1G	14,7G
4. ZWISCHENMAHLZEIT 20G PROTEINPULVER 85% ERDBEERGESCHMACK, 300ML WASSER 2 EL LEINÖL	271 KCAL	0,6G	17,2G	22,1G
5. ABENDESSEN 200G PUTENBRUSTFILET GEMISCHTER BLATTSALAT ANGEMACHT MIT BALSAMICO, 2 EL OLIVENÖL	425 KCAL	----	48,2G	25,8G
GESAMT	1997 KCAL	66,6G	257,4G	78,4G

Tag 4

Mahlzeit	Energie*	Kohlenhydrate*	Eiweiss*	Fett*
1. Frühstück 200g Haferflocken 60g Whey-Isolat 90% Vanillegeschmack ca. 600ml Wasser	913 kcal	117,9g	78,6g	14,5g
2. Mittagessen 200g Zanderfilet 1 Tomate + 1 EL Olivenöl 300g Cottage-Cheese 100g Himbeeren	573 kcal	16,9g	78,8g	20,4g
3. Pre-Workout Mahlzeit 350g Hühnerbrustfilet 200g Broccoli 100g Naturreis	767 kcal	79,1g	98,9g	6,1g
4. Post-Workout Mahlzeit 70g Proteinpulver 85% Schokogeschmack, 600ml Wasser 2 Bananen (200g) 1 Nektarine (100g) 1 EL Honig (10g)	541 kcal	66,8g	62,4g	2,6g
5. Abendessen 400g Putenbrustfilet 200g Broccoli 1 EL Leinöl	580 kcal	5,2g	99,7g	16,1g
Gesamt	**3374 kcal**	**285,9g**	**418,4g**	**59,7g**

TAG 5

MAHLZEIT	ENERGIE*	KOHLENHYDRATE*	EIWEISS*	FETT*
1. FRÜHSTÜCK DINKEL-AMARANT-MÜSLI MIT FRÜCHTEN (2 X MAHLZEIT S. 236)	812 KCAL	105,4G	73,4G	9,6G
2. MITTAGESSEN 300G RINDERSTEAK 200G SPARGEL ERDBEER-QUARK EIS (1/2 MAHLZEIT S. 217)	521 KCAL	11,0G	102,7G	7,7G
3. PRE-WORKOUT MAHLZEIT FRENCH TOAST (1 X MAHLZEIT S. 242) 50G WHEYPROTEIN 90% VANILLEGESCHMACK, 400ML WASSER, 1 PFIRSICH (100G)	714 KCAL	60,7G	93,6G	10,9G
4. POST-WORKOUT MAHLZEIT 50G PROTEINPULVER 85% VANILLEGESCHMACK, 400ML WASSER, 200G APFELMUS 1 BANANE (100G)	435 KCAL	60,8G	43,6G	2,1G
5. ABENDESSEN 1 DOSE THUNFISCH IN WASSER (150G), 1 TOMATE BLATTSALAT ANGEMACHT MIT BALSAMICO 1 TL OLIVENÖL	261 KCAL	2,7G	33,0G	11,1G
GESAMT	**2743 KCAL**	**240,6G**	**346,3G**	**41,4G**

TAG 6

MAHLZEIT	ENERGIE*	KOHLENHYDRATE*	EIWEISS*	FETT*
1. FRÜHSTÜCK BREI AUS 60G HAFERFLOCKEN 50G WHEY-ISOLAT 90% SCHOKOGESCHMACK, 400ML WASSER, 1 BANANE (100G)	504 KCAL	58,6G	54,9G	5,8G
2. ZWISCHENMAHLZEIT BLUEBERRY-SCHOKO MUFFINS (1 X MAHLZEIT S. 224)	673 KCAL	4,9G	45,7G	7,8G
3. MITTAGESSEN 300G RINDERSTEAK 200G BROCCOLI 100G COTTAGE CHEESE 2 EL OLIVENÖL 100G HEIDELBEEREN	671 KCAL	11,6G	84,8G	31,4G
4. ZWISCHENMAHLZEIT 60G WHEY-ISOLAT 90% SCHOKOGESCHMACK, 400ML WASSER 2 EL OLIVENÖL	394 KCAL	0,5G	50,4G	20,3G
5. ABENDESSEN HÄHNCHENBRUSTSPIESSE MIT MOZZARELLA UND BASILIKUM (1 X MAHLZEIT S. 127) TOMATEN-KRÄUTERSAUCE (1/2 MAHLZEIT S. 199) 1 EL OLIVENÖL	525 KCAL	5,1G	70,1G	24,8G
GESAMT	2367 KCAL	80,7G	305,9G	90,1G

TAG 7

MAHLZEIT	ENERGIE*	KOHLENHYDRATE*	EIWEISS*	FETT*
1. FRÜHSTÜCK 4 SCHEIBEN VOLLKORNBROT 200G COTTAGE-CHEESE 40G WHEYP-ISOLAT 90% VANILLEGESCHMACK, 300ML WASSER, 2 BANANEN (200G)	809 KCAL	104,4G	76,7G	9,9G
2. ZWISCHENMAHLZEIT 50G WHEY-ISOLAT 90% SCHOKOGESCHMACK, 600ML WASSER, 2 EL LEINÖL	288 KCAL	2,0G	42,0G	11,9G
3. MITTAGESSEN HACKROLLBRATEN (1/2 MAHLZEIT S. 144) 2 EL WALNUSSÖL	1044 KCAL	11,1G	140,8G	48,3G
4. ZWISCHENMAHLZEIT CHINASALAT MIT GEFLÜGEL UND SESAM (1 X MAHLZEIT S. 107) SCHOKOCREME MIT MINZESAUCE (1 X MAHLZEIT S. 207)	949 KCAL	19,7G	119,5G	43,5G
5. ABENDESSEN CHILI-EINTOPF (1 X MAHLZEIT S. 111) 1 EL OLIVENÖL	801 KCAL	13,0G	110,2G	34,2G
GESAMT	**3891 KCAL**	**150,2G**	**489,2G**	**147,8G**

LITERATURVERZEICHNIS

Agatston, A.: Die South Beach Diät. Knaur, München 2004

Atkins R.C.: Dr. Atkins New Diet Revolution – Completely updated 3rd edition. M. Evans and Company, New York 2002

Atkins R.C., Gare F.: Dr. Atkins New Diet Cookbook. M. Evans and Company, New York 1997

Biolo G., Williams B.D., Fleming R.Y., Wolfe R.R.: Insulin action on muscle protein kinetics and amino acid transport during recovery after resistance exercise. Diabetes 1999 May;48(5):949-957

Boirie Y. et al.: Slow and fast proteins differently modulate postprandial protein accretion. Proc Natl Acad Sci USA. 1997; 94:14930-14935

Brand-Miller J., Wolever T., Colagiuri S., Foster-Powell K.: The Glucose Revolution – The Authoritative Guide to the Glycemic Index. Marlowe & Company, New York 1999

DiPasquale M.: The Anabolic Diet. Optimum Training Systems, 1995

DiPasquale M.: The Metabolic Diet. AllPro Training.com Books, Austin, Texas 2000

Duchaine D.: BodyOpus. Xipe Press, Nevada 1996

Eades M.R., Eades M.D.: Protein Power. Bantam Books, New York 1996

Elmadfa I., Aign W., Muskat E., Fritzsche D.: Die große GU Nährwert Kalorien Tabelle – Neuausgabe 2012/2013. Gräfe und Unzer Verlag, München 2012

Erasmus U.: Fats that heal, fats that kill. Alive Books, Burnaby, BC, Canada 1993

Grillparzer, M.: Low Carb – die neue Gute-Laune-Diät. Gräfe und Unzer Verlag GmbH, München 2005

Katan M., Grundy S., Willet W.: Beyond low-fat diets. The New England Journal of Medicine 1997; 337: 563-566

Kirsch, D.: Die ultimative New York Diät. Riva Verlag, München 2007

Kothe, H.W.: Lexikon der Kräuter, Komet Verlag GmbH, Köln

Korte S., Arndt K.: Die Anabole Diät – ketogene Ernährung für Bodybuilder. Novagenics, Arnsberg 1997

Lutz W.: Leben ohne Brot – die wissenschaftlichen Grundlagen der kohlenhydratarmen Ernährung. Informed GmbH, Gräfelfing 1998

Markert D.: The Turbo Protein Diet – Stop Yo-Yo Dieting Forever. BioMed International, Texas 1999

McDonald L.: The Ketogenic Diet – A complete guide for the dieter and practitioner. Morris Publishing, Nebraska 1998

Neumann G.: Ernährung im Sport. Meyer & Meyer Verlag, Aachen 1998

Phillips B.: Eating for Life. High Point Media, Colorado 2003

Reuss F.: Fortschritt, Rückschritt, Lehren – was die moderne Zivilisation von der Steinzeiternährung lernen kann. BioPress 2001

Sears B.: The Zone Diet. Harper Collins, New York 1999

Sears B.: Mastering The Zone – Next Step in Achieving SuperHealth and Permanent Fat Loss. Regan Books, New York 1997

The Doctor's Calorie, Fat & Carbohydrate Counter. Family Health Publications, California 2003 United States National Library of Medicine: www.nlm.nih.gov